eビジネス新書

No.443

週刊東洋経済

米中大動乱

両大国発の経済危機

週刊東洋経済 eビジネス新書　No.443

米中 大動乱

本書は、東洋経済新報社刊『週刊東洋経済』2022年10月29日号より抜粋、加筆修正のうえ制作しています。情報は底本編集当時のものです。（標準読了時間　120分）

米中 大動乱　目次

米中発のリスクが暴発寸前

世界各国で大規模な金融緩和と財政出動が行われるなど、異例の対応がされたコロナへの政策出動。だがスムーズな手仕舞いに失敗し、世界経済は今、危機の淵に立たされている。

波乱の中心は、世界の2大経済大国である米国と中国だ。

米国は現在、前年同期比8％強まで悪化した歴史的な物価高が収束に向かうか、拡大するかの瀬戸際にある。コロナ禍による供給制約や資源高で始まったインフレは、労働需給逼迫による賃金上昇の加速に発展し賃金・物価スパイラルによる「ホームメイド・インフレ」へ移行しかねない。そうなれば、物価高騰に歯止めがかからなくなる。

そのため、FRB（米連邦準備制度理事会）は異例の大幅利上げを繰り返し、意図的に景気を潰しにいっている。2022年11月のFOMC（米連邦公開市場委員会）では、4会合連続となる0・75%の利上げを実施が濃厚。その後の利上げを含め、2023年第1四半期には政策金利は5%へ接近する見込みだ。わずか1年でゼロから5%へ跳ね上がるのは歴史的にもまれだ。

基軸通貨ドルの金利急上昇は、各国通貨の下落など国際金融市場の動揺を引き起こすが、今の米国は自国のインフレ退治に精いっぱいで他国を気遣う余裕がない。

英国では9月、ポンド急落や国債価格暴落（金利は上昇）が起きた。ドル独歩高で各国通貨は大きく下落しており、輸入物価上昇によるインフレに対抗するため、景気を犠牲にした利上げが世界的に進む（日本と中国を除く）。

コロナ禍の対応で各国の政府債務は膨張したため、財政や経常収支が脆弱な新興国や欧州の一部では、英国のように国債売りが起きかねない。となれば、英国政府が大減税計画の多くを撤回したように、財政引き締めの動きが出てきそうだ。それは各国で政治的不安定を誘発する。

リスク 1 金融危機

急激な通貨変動が各国の金利や金融市場を動揺させる

主要通貨の対ドル下落率

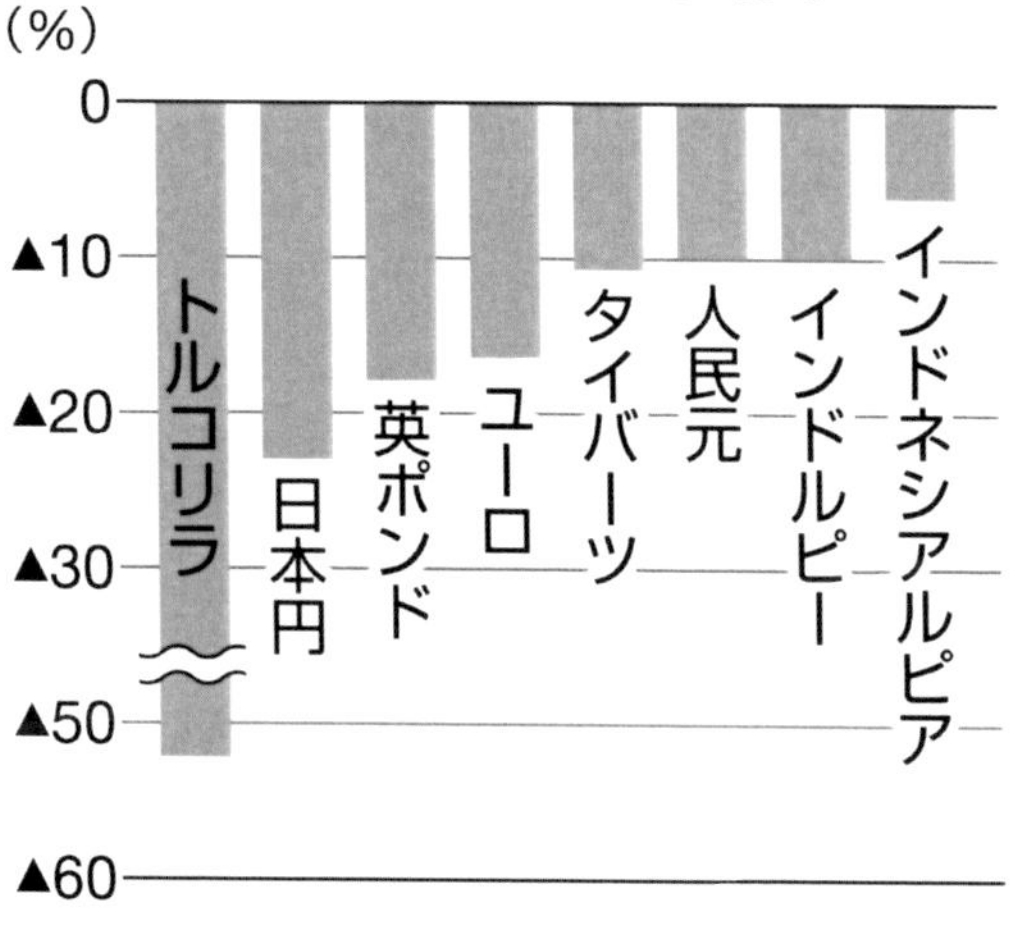

(注)2021年10月初旬の値に対する年間下落率。▲はマイナス
(出所)CEICデータを基に東洋経済作成

同時に株式市場のボラティリティー（変動性）も高まりつつある。ファンドや金融機関の信用不安リスクは高まり、どこから金融危機の芽が出てくるか予断を許さない。世界経済に目を転じても、今後、景気後退に突入していく可能性は高い。その際、とくにリーマンショック後に世界経済を下支えした中国の変調が注目される。

ゼロコロナ政策への固執により、各地でロックダウン（都市封鎖）が行われ、不動産バブル崩壊の危機にも直面。中国政府は2022年の経済成長率目標を5・5%としていたが、IMF（国際通貨基金）の最新の予測では3・2%成長と失速は明らか。中国という牽引役の不在で、今後の世界的景気後退は大きな不況へと広がりかねない。

世界不況 リスク2

中国の米国向け輸出増勢、デカップリングはまだ限定的

中国の米国向け輸出額と米国向けの占める比率

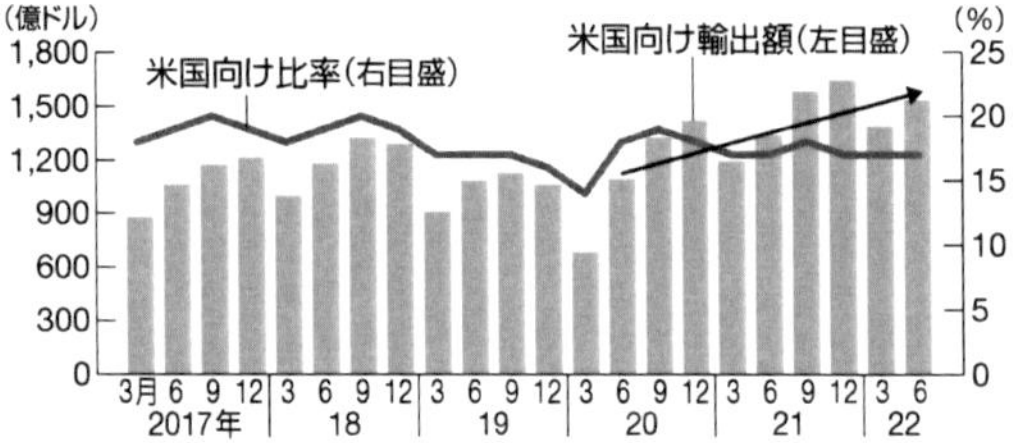

(出所)CEIC データ

そこへ追い打ちをかけるのが、米中対立など政治的混乱だ。22年11月の米中間選挙でバイデン大統領の民主党は下院で過半数に満たない公算が大きい。その結果、法案を通せず内政は停滞するため、バイデン政権は対中強硬的な外交政策へ全面シフトするとみられている。

さらに2024年の大統領選挙では、共和党候補としてトランプ氏が表舞台に戻ってくる可能性が高い。社会の分断は一段と激化し、西側諸国結束の礎である民主主義が危機に瀕する事態に発展しかねない。

中国では10月の共産党大会で、習近平国家主席が3期目に入る見通しだ。習氏は党大会直前の9月にウズベキスタンで開かれた上海協力機構（SCO）の首脳会議に出席、新興国との結び付きを強める「グローバルサウス」戦略を鮮明にした。米国の弱体化が進み、西側諸国の結束が崩れれば、台湾問題などで隙を突いた外交・安全保障戦略を推し進める可能性もある。

リスク3 米中対立の深刻化

下方修正が相次ぐ各国の経済成長率見通し

IMF世界経済見通し

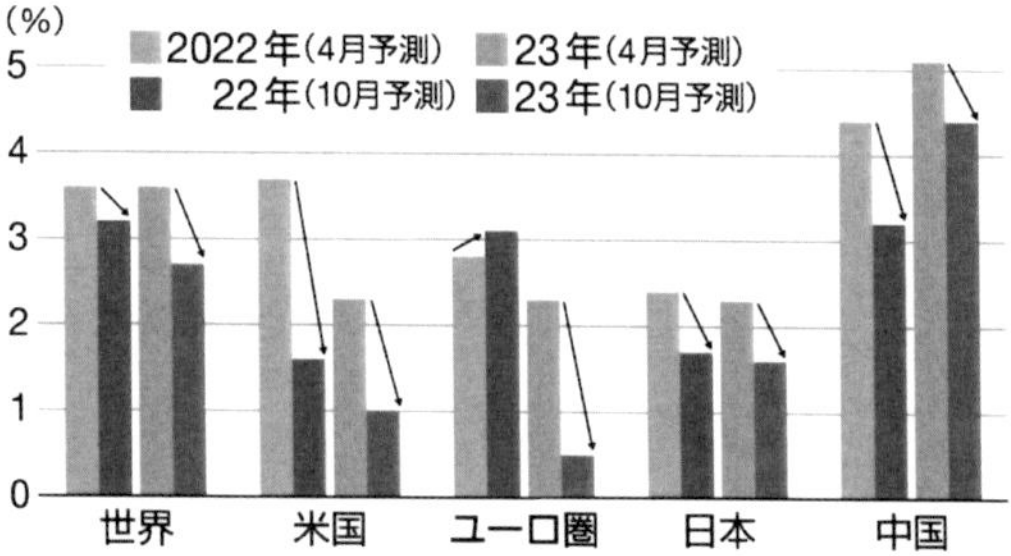

(出所)IMF "World Economic Oultook"(2022年10月改訂版)を基に東洋経済作成

【ポイント】米中動乱のリスク

①金融市場の動揺

・英国のポンド急落など、経済や財政が脆弱な欧州の一部や新興国で通貨安や金利上昇が顕在化

・コロナ危機後、各国の公的債務は膨張し、国債は金利や通貨価値の変動に脆弱

・金融市場のボラティリティーが高まり、クレディ・スイスのような金融機関の経営不安説も台頭

・中国の不動産危機が長期化。住宅ローンの返済拒否が広がり、金融機関の不良債権リスクに

②景気後退

・製造業は後退局面入り、「世界の工場」アジアは今後の影響大

・インフレ高止まりなら、一段の利上げでより大きな米国景気悪化へ

・停滞する中国経済に、リーマンショック時のような牽引役は期待できず

③米中対立の深刻化

・半導体、ＥＶ・車載電池を軸にデカップリングは着実に進展中
・トランプ復活なら民主主義陣営が分断され弱体化し、中国がその隙を突く動きも
・中間選挙後のバイデン政権は内政のレームダック化で対中強硬の外交政策に注力

次章からは、急変する米中経済・政治の両面を総ざらいする。来る米中動乱に向け、日本の備えは十分だろうか。

（野村明弘）

「米国の分断と民主主義の危機」

スタンフォード大学 シニアフェロー フランシス・フクヤマ

著書『歴史の終わり』(1992年出版)で、人類の政治制度は「自由と民主主義」以外に選択肢がないとする思想史上の結論を出したフランシス・フクヤマ氏。米国の分断と民主主義の退潮、そして21世紀の世界経済を牽引してきた中国の変調が明らかになる中、両大国と世界の行方をどうみるのか。フクヤマ氏の現在の考えを聞いた。

(インタビューは2022年9月末に実施)

——フクヤマさんは、1990年代から2000年代初頭の新自由主義政策を批判してきました。現在の米国の民主主義をどう評価しますか。

今、米国の人々が議論しているのは税負担や移民問題といった政策ではない。まるで人々が2つのチームに二分されてしまったかのようだ。これは、分断された情報空間が原因だ。それぞれの陣営が異なる事実を信じているのだ。

例えば、2021年1月6日に米連邦議会議事堂を襲撃した人々は、必ずしも民主主義に敵対しているわけではない。襲撃者の多くは、バイデン大統領が前回の選挙を「盗んだ」と本心から信じて、非常に腹を立てているのだ。

インターネットの登場により、別の現実を提示するテクノロジー空間が生まれ、人々はその真偽を問わずに信じるようになっている。

――貧富の格差という大きな分断もあります。

この分断の起源が経済格差にあるとは思わない。もしそうなら、人々は再分配や福祉国家の拡大を目指す左派政党に投票するはずだが、こうした人々は右派政党に票を投じている。右派にとって重要な問題は完全に文化的なものだ。彼らは、移民の増加やLGBT（性的少数者）のイデオロギーによって家族が攻撃され、宗教の価値も損なわれていると信じている。

最も強力なトランプ支持者は福音派キリスト教徒で、彼らの主張は非常に終末論的だ。民主党はキリスト教に対する戦争を仕掛けており、米国のキリスト教的価値観を破壊しようとしているという。彼らにとって、これは生き残りを懸けた問題なのだ。

例えば、Qアノンという陰謀論を信じる人々がいる。彼らは、民主党員が小児性愛者であり、ワシントンDCのトンネルで子供たちを食べていると信じている。途方もなく愚かな話だが、米国の相当数の人々がこれを信じている。

なぜ人々がこのような考え方に陥るのかを説明するには、社会心理学や集団的精神病の起源に目を向ける必要がある。

——24年の大統領選挙でトランプ元大統領が返り咲くか否かが、22年11月の中間選挙のメインテーマとなります。フクヤマさんは、中間選挙の行方をどうみますか。

中間選挙では大統領の所属する政党が敗北することが多い。現職大統領が誰であれ、中間選挙は人々が不満を表明する場だからだ。21年の冬から22年春にかけて、バイデン大統領は非常に不人気だった。民主党は下院で大敗を喫し、上院でも敗北するだろうと、誰もが予想していた。

だが現在、民主党にとって選挙の見通しはかなり改善している。第1に、最高裁の人工妊娠中絶に関する判断が共和党にとって大きなダメージになっている。またバイデン大統領は、3つの法律を成立させたことで、「力強い大統領」というイメージを強化した。銃規制法、半導体産業を支援するCHIPS法、気候変動対策を含むインフレ抑制法の3つだ。現政権は、僅差で過半数を維持しているにもかかわらず、実績を残している。

共和党がトランプ氏に支配されているという問題もある。トランプ氏は、ペンシルベニア州のメフメト・オズ氏など、過激な候補者を選挙戦で推薦している。オズ氏は医師でタレントだが、政治家としてはひどい人物だ。

現時点では、民主党が上院で過半数を確保する可能性は五分五分といったところだ。共和党は下院の過半数を獲得するだろうが、大差での勝利にはならないだろう。

本当に危険なのは今回の選挙ではなく24年の選挙だろう。州や地方自治体のレベルで、選挙結果を否定する多くの共和党候補者が推薦されているからだ。彼らは、前回の選挙を「盗まれた」と信じており、次の選挙を盗むという陰謀を企てようとしている。

——米国以外の国々でも、右派、ポピュリスト、民族主義保守といった勢力が同時に台頭しています。この流れをどうみますか。

米国と同じだろう。多くの人々が、長年政権にいたエリートは自分たちの利害をきちんと代表しておらず、エリートたち自身の利益を実現しようとしていると感じている。結果として、既存権力の外にいる者に投票しようと考える。

イタリアでジョルジャ・メローニ氏率いる政党が選挙で勝利したのは、マリオ・ドラギ首相率いる旧連立政権に入っていなかった唯一の政党だからだ。イタリア国民は、国の抱える問題はすべて旧来の政治家のせいだと考えている。

また、地方と都市の格差や、教育格差といった要素もある。ポピュリストに投票する人は十分な教育を受けておらず、大都市以外の地域に住んでいる傾向にある。このような状況は、米国だけでなく欧州すべてに当てはまるだろう。

――右派のつながりや同盟が国境を越えるようになりました。ロシアは、欧米の民族主義ポピュリストとのつながりを利用しているといえるでしょうか。

基本的に、プーチン大統領は米国や西洋諸国を弱体化したいと考えている。彼は、この10年間に発生した米国分断の動きを後押ししてきた。2016年の大統領選挙戦では、ロシアのトロール部隊（インターネット上で偽情報を拡散する情報工作部隊）が、ブラック・ライブズ・マター（Black Lives Matter：黒人に対する警察の暴行をきっかけに米国で始まった人種差別抗議運動）の活動家をまねたり、左派の主張を支持する米国人になりすましたりしていた。

これは、ロシアがこれらの主張を信奉していたからではなく、単に米国人同士の対立をあおるためだ。ロシアは米国の分断を進めるために、対立の燃料となるようなあらゆる主張を支持した。

――西側の秩序が非常に不安定な状況にある中で、日本や日米同盟にどのような役割を期待しますか。

現在、日米が協力することには非常に正当な根拠がある。なぜなら、中国の台頭とそれがアジアの安定に及ぼす脅威こそが、両国が直面している唯一最大の長期的な問題となっているからだ。

ロシアは武力を行使して、自由主義秩序を弱体化させようとしているが、これは日本の利益に反する。私は、日本がウクライナを支持し、ロシアの侵攻に対して強硬な態度を明確にしていることを喜ばしく思っている。

――22年10月中旬に中国共産党大会が開催されます。中国の長期的な戦略をどうみますか。

興味深いのは、サマルカンドで行われた上海協力機構（ＳＣＯ）の首脳会議において、習氏がプーチン大統領をそれほど支持していないように見えたことだ。習氏は、非公式の場でプーチン大統領にウクライナ侵攻の成果についてかなり否定的な発言をしている。

ただ本当の問題は、中国経済が低迷していることだろう。現在のゼロコロナ政策は完全な失敗だと思う。この政策のせいで中国の成長率が著しく低下している。党大会が終われば、この政策を放棄するかもしれない。だが、当面の間は、習氏はこの政策が間違っていたと認めたくはないだろう。

不動産バブルはすでに崩壊しており、今後文字どおり何億人もの中国人に多大な影響が及ぶことになるだろう。成長率の低下により失業問題も発生する。成長率が8%超から2%に低下するというのは、本当に劇的な景気後退だ。中国共産党には、これほど大きな問題に対処した経験はないだろう。

これは国際的な観点でも危険だ。なぜなら、国の指導者たちが不安に陥り、国民の関心を国内問題からそらす必要があると感じるからだ。そのため、国際社会で事件を起こす可能性がある。

中国はリスクを冒さない

――台湾をはじめとした領土問題を前面に掲げれば、米中関係はさらに不安定になります。

中国の台湾侵攻は、ロシアのウクライナ侵攻よりもはるかに大きな影響を世界経済に及ぼす。だからこそ、台湾侵攻が実際には行われない可能性が高い理由となる。

なぜなら、中国指導部は、リスク回避の傾向が強いからだ。プーチン大統領はリスクを積極的に取る傾向が極めて強いが、中国指導部はそうではない。彼らは自身の長期的な立場についてプーチン大統領よりも自信を持っている。そのため、目先のことだけを考えてウクライナ侵攻のような常軌を逸したリスクを冒したりはしない。

――今後、中ロの2国間関係は大きく変わるでしょうか。

安定を求める中国は、敗者とは関わりたがらない。現時点で、プーチン大統領は完全な敗者に見えるため、中国は距離を取っている。

中国が懸念しているのは、ウクライナでロシア軍が崩壊し、ロシア国内が不安定化することだろう。すでに、カザフスタン、アゼルバイジャン、アルメニアといった周辺国の多くが、ロシアの弱体化によってそれぞれ異なる方向に向かっている。中国はこの事態を好ましく思っていないだろう。

もしロシアがもっとうまくやっていれば、中国はロシアを米国弱体化のための有益な手段と見なしただろう。このため、最初は支援を約束した。だが、両国のユーラシアにおける利害はかなり異なる。

これはあまり知られていないことだが、両国は鉄道の軌間（レール幅）をめぐって激しく争っている。ロシアとすべての旧ソ連諸国、そして多くの東欧諸国では広軌鉄道が敷かれている一方、中国では標準軌鉄道が敷かれている。

現在両国は、モンゴルやカザフスタンなど多くの国においてどちらの軌間を採用するかで激しく対立している。なぜならこの結果により、ロシアと中国、どちらの国との結び付きがより強くなるかが決まるからだ。

――ロシアと中国のランドパワー（大陸勢力）に対して、欧米や日本、東南アジアの一部の国のシーパワー（海洋勢力）の同盟が、対立する構図になる可能性は？

すべてが地政学によって動いているとは思わない。イデオロギーも役割を果たしているだろう。

実際、中ロの両国が現在のような立場を取っているのは、自由主義秩序に対する一種の敵対心によるものである場合が多い。ロシアは、米国を弱体化するためなら、どのような犯罪組織も支援する。

例えばロシアはミャンマーの軍事独裁政権に武器を供給しているが、両者の間にある唯一の共通の利害は、反西洋であるという点だ。厳密にはイデオロギー闘争ではないものの、民主主義と西洋の自由主義的価値観は、今でも世界を分断する要因の1つであると考える。

――世界の状況はどうなっていくのでしょうか。フクヤマさんは『歴史の終わり』で、人々の考え方はいずれ自由民主主義に収斂していくと説いていました。

近い将来にそうなることはないだろう。世界全体で見れば、事態は間違った方向に進んでいるからだ。世界中で国家主義者の政権が台頭しており、反自由民主主義に向かっている。自由主義陣営が再び拡大するか否か、事態を見守らねばならないが、私としては現時点ではいかなる予測もしていない。

――世界の「間違った方向」を変えるには何が必要でしょうか。

地域や問題によって異なる。現時点では、ウクライナに武器を供給して、ロシアから防衛することが極めて重要だと考える。すべてがこの武力紛争の結果によって決まるだろう。だが、ほかの地域では、民主主義の強化に向けたより政治的・経済的な支援が重要だ。

(聞き手:関西大学客員教授・会田弘継)

(構成:秦卓弥)

フランシス・フクヤマ（Francis Fukuyama）

1952年米国シカゴ生まれ。コーネル大学で西洋古典学を学んだ後、ハーバード大学大学院で政治学博士号を取得。ランド研究所、米国務省を経て、ジョンズ・ホプキンス大学高等国際問題研究大学院教授。89年11月、外交専門誌『ナショナル・インタレスト』に発表した論文「歴史の終わりか?」、および92年の著書『歴史の終わり』は冷戦終焉後の世界で大きな注目を集めた。現在は、スタンフォード大学でシニアフェローを務める。

会田弘継（あいだ・ひろつぐ）

共同通信社ワシントン支局長などを経て、現在、同社客員論説委員。関西大学では現代米国政治思想などを教える。著書に『追跡・アメリカの思想家たち』など。

【米国現地ルポ】埋まらない保守・リベラル間の溝

「内戦前夜」の米国社会　極限に達する相互不信

2022年11月8日に中間選挙の投開票を迎える米国。連邦議会の議員や州知事などが選出されるこの選挙は、24年に行われる大統領選挙の行方を左右する。

有権者たちは今、米国の政治にどのような期待と不安を抱いているのか。9月上旬から約2週間、現地を歩きその声を聞いた。

ニューヨーク・マンハッタンの摩天楼を向こう岸に望むニュージャージー州ホーボーケン。米国の国民的歌手フランク・シナトラの故郷として知られるこの街の遊歩道で、人々は週末の夕方にゆったりとした時間を過ごしていた。

そんな牧歌的な風景とは対照的に、アンドリュー（58）は記者とホテルのエントランスで出会った途端、日頃の政治に対する不満を早口でぶちまけ始めた。

「コロナ禍でバイデン政権が振る舞った多額の給付金がもたらした結果を見てほしい。一部の黒人やヒスパニックの人たちは給付金に頼って怠惰に暮らしているだけじゃないか！」

共和党穏健派を自認するアンドリューはニューヨークで生まれ、ニュージャージー州北部郊外の街で育った。今は金融ITコンサルタントとして事業を営み、「小さな政府」を追求する古きよき米国の保守を懐かしむ一人だ。だからこそ、①バイデン大統領が行ってきた大型経済対策（注：①から、以降⑩の用語については後述で解説）には反対意見を強く持っている。

レストランに入り食事をしながらも、バイデンへの批判はやむことがない。怒りはバイデンのエネルギー政策に向かった。

「②インフレ抑制法でEV（電気自動車）の国内生産を進める？　単純にもっと石油の掘削をすれば米国はエネルギーを自給できるのに、そんな法律はまったく意味がないよ」。足元のインフレで、実際にアンドリューが夫婦2人で住む自宅の光熱費は一時期、月227ドルにまで跳ね上がった。車のガソリン代もばかにならない。

極め付きは、価値観やイデオロギーの対立だ。

「(2009~17年に大統領を務めた)バラク・オバマの時代から、民主党は『アイデンティティーポリティクス』(特定のアイデンティティーを共有する集団による反差別運動)をしている」

「これは一種の人種間ゲームだ。やつらに同意しない人は、すぐにレイシスト(人種差別主義者)と呼ばれるんだ」

「弱者支援は当たり前」

「バイデンの財政支出が人々に悪影響を与えているですって? そんなわけないじゃない!」

次に話をしてくれたのは、ペンシルベニア州最大の都市フィラデルフィアに住むケイト(72)だ。

ケイトは歌手・俳優業の傍ら、ニューヨークで目の不自由な人のために本を朗読し録音する団体に勤務していた。今はリタイアして、夫と2人で暮らしている。フィラデルフィアの人種構成は黒人が４割を超え、ペンシルベニア州は民主党の支持者が多い、いわゆる「青い州」として知られる。

彼女がバイデンの「大きな政府」を支持する理由はこうだ。

「バイデンの大型経済対策はコロナ禍で困っている多くの人を救い、実際に貧困率の改善につながった。③『大退職時代』ですぐに仕事が見つかるから給付金に頼るなって言う人もいるけど、コロナの影響が残っていて、とくに子どものいる家庭では働きたくても働けない人がいる」

「それに医療や飲食店などのサービス業はとてもハードで、そこに関わっていた人が違う職を見つけるのは大変。怠惰と言う人はそういう弱い立場の人を見捨てろってこと？　信じられない」

ケイトは次の中間選挙でも民主党に投票する。

「もうすぐ８０歳になるバイデンの年齢は確かに心配だけど、④学生ローンの免除も含めてよくやっていると思う。移民で経済が成り立っている米国が弱者を支援するのは当たり前じゃない」

ケイトの主張に加勢するのが、マンハッタンに住む元歯科医のマイケル（84）だ。アンドリューとは真反対に、1930年代にフランクリン・ルーズベルト大統領が行った大規模な公共投資「ニューディール政策」の重要性を説く。ペンシルベニア駅近くのアイリッシュパブで落ち合ったマイケルは、米国の歴史を交えながら、政府が果たすべき役割を語った。

「立場の弱い労働者たちのために政府がセーフティーネットを用意することが必要。ニューディール政策のときのように、政府が労働者を保護するために、労働組合の結成を支援することが大事だ」

ノースダコタ州で空軍に軍医として参加したとき以外は、ニューヨーク市周辺で暮らしてきたマイケル。現在は市内で美術館・博物館などの案内役を務めている。彼が不信感を募らせるのは、コロナ禍でより顕在化した、企業と労働者の不釣り合いな関係だ。

「アマゾンを見てみてほしい。（年間売り上げ約4700億ドルの）超巨大規模にもかかわらず、倉庫などで劣悪な環境にある労働者を守ろうとしない。労組も潰そうとする。こういった横暴は許されてはならない」「政府はアマゾンの労組結成の動きを助けるべきだ。労使の関係改善こそが、セーフティーネットになる」

「警察の力を強めるべし」

共和党・民主党双方の支持者の声を聞いて浮かび上がるのは、資本主義的な競争原理と社会的弱者への配慮のどちらを重視するかが、米国政治の大きな対立軸になっているということだ。

ただ、社会的弱者への配慮といっても、彼らには決して生易しくない現実が眼前にある。マイケルとは友人でありながら共和党を支持するブルース（74）は、リモートでの取材でこう語った。

「私はニューヨーク州の出身で、現地の学校にも通ったが、ここのダウンタウンは今あまりに危険で、足を運びたいと思わない。有色人種に限らず、白人の犯罪も目立つ。高齢者にとっては身の安全はとても重要だ」

地域の教育委員会で36年間働き今は仕事をリタイアしたブルースは、都心部を離れて夏場はニューヨーク州北部のリゾート地として知られるレイク・ジョージ、冬にはバージニア州のグーチランド郡という田舎に住む2拠点生活を続けている。

「米国は犯罪率が制御不能な状況になっていて、安全な場所に避難する必要がある。左傾化した民主党が、われわれの生活様式を破壊している」ことがその理由だ。人種差別や格差の拡大といった社会問題が背景にあるとしても、政府は治安や秩序の維持を優先すべきだ、という考えが根本にある。

2020年5月にミネソタ州ミネアポリスで黒人男性が警察に拘束された際に死亡したことをきっかけに、⑤ブラック・ライブズ・マター（BLM、黒人の命は大切だ）運動が巻き起こった。

ブルースは「BLMをきっかけに民主党の急進派が警察の予算削減を求めているが、これほど危ないことはない。むしろ警察による法の執行力を強めないといけない。治安悪化の波を抑えるという意味で、米国を本来あるべき姿に戻せるのは、トランプか（フロリダ州知事である）デサンティスしかいないだろう」と危機感を示す。

ロン・デサンティスは「ミニトランプ」と称される人物。9月下旬には、高級避暑地として知られるマサチューセッツ州のマーサズ・ヴィンヤード島に移民を約50人送還したことが論争を呼んだ。バイデンによる、⑥寛容な移民政策への反発とされる。

一向に埋まる兆しのない保守とリベラルの溝。米国の分断がここにきてますます深まっていることは、データでも裏付けられる。

パラレルワールド化

反対政党を「極めて好ましくない」と捉える共和党員の割合は1994年に21%だったのが22年に62%まで上昇。民主党員では1994年に17%だった割合が22年には54%に上昇した。

連邦議会の上院における民主党・共和党議員のイデオロギー平均値も、71年と22年の比較で双方とも極端な方向に振れている。上院は下院と比べて穏健派が多い傾向があるが、それでもとくに共和党議員の保守化が目立つ。

反対政党への反感が増加（1994～2022年）

共和党員と民主党員の反対政党に対する反感

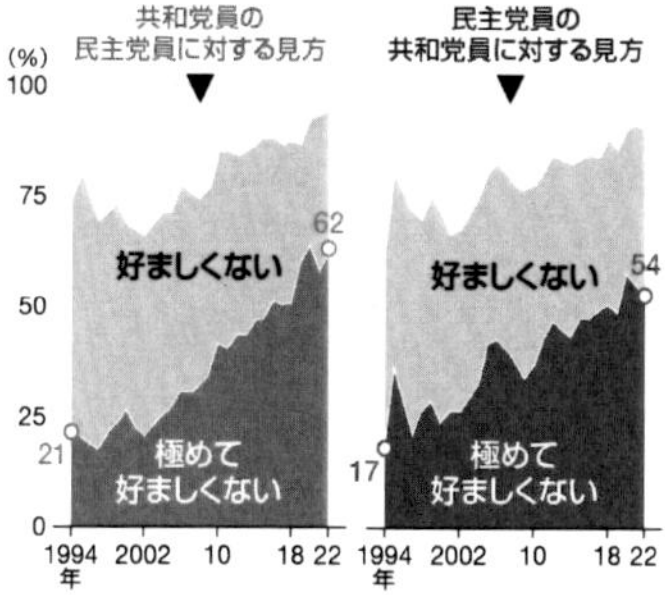

（注）いずれの党も支持する人は含まない　（出所）米国のシンクタンク、ピュー・リサーチ・センターの調査を基に東洋経済作成

共和党員の保守化が顕著

上院議員のイデオロギー平均値の推移

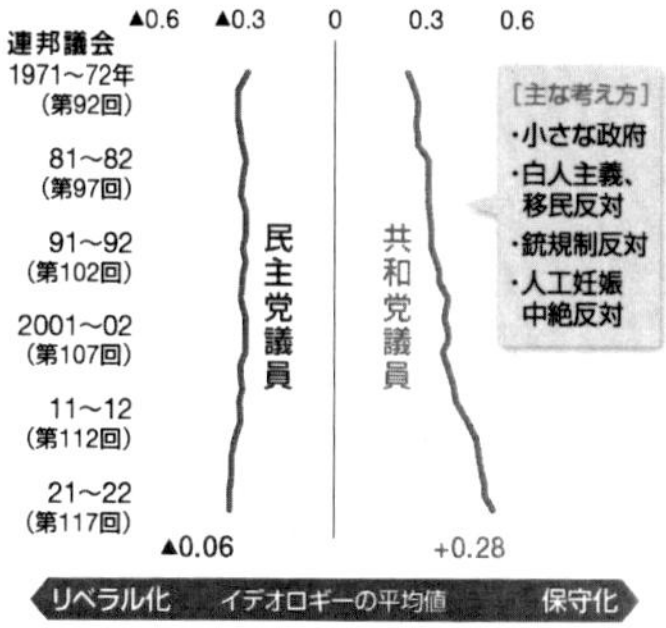

（注）投票権を持たない代議員などは除く。議会中に政党を替えたり無党派になったりした議員は、最も長く在籍した政党で測定。上院議員は下院議員と比べて穏健派が多い傾向がある。▲はマイナス　（出所）米国のシンクタンク、ピュー・リサーチ・センターの調査を基に東洋経済作成

6月下旬に最高裁で人工妊娠中絶の権利を認める、⑦ロー対ウェイド判決を覆す判決が下された直後には、胎児の生命と母体の生命をめぐり、激しい論争が繰り広げられる場面もあった。

米国の政治・文化に詳しい慶応大学環境情報学部の渡辺靖教授は「今は一事が万事で、何についても両者の現状認識はかみ合わない。彼らが見ている米国はそれぞれに違って、パラレルワールドになっている。今の米国が南北戦争以来の分断状況であるのは間違いない」と懸念を示す。

2021年1月には、不正選挙を訴えるトランプの支持者たちが、⑧議会議事堂を襲撃する事件が発生した。対話ではなく暴力に訴えるしかなくなっている今の米国の状況を1860年代に起こった南北戦争以来の「内戦前夜」と位置づける見方は少なくない。

とくに目立っているのは、共和党側による分断をあおる動きだ。

フロリダ州では22年3月、⑨ストップ・ウォーク・アクト（子どもと従業員への不正を阻止する法律）と呼ばれる法律が成立した。これは、人種差別や性差別、環境などの社会問題について「意識を高める（WOKE）」ことを禁じる法律だ。企業研修や学校教育で有色人種の権利やセクシュアルマイノリティーについて指導をした際、それを行った人は民事訴訟を起こされる可能性が生じた。

白人男性の社会的地位を維持するための性格が強いことは明らかだ。8月に連邦裁判所は法律の執行を一時的に差し止めている。

民主党支持者の間でも、党の急進的な主張を嘆く声がある。人種や性的指向などマイノリティーの問題は重要だが、そればかりに拘泥することが結果的に国民の分断を深めていると映るからだ。

マサチューセッツ州ケンブリッジに住むジョセフ（81）は、記者を自宅のベランダに招き、「民主党の政治家たちは今、伝統的に支援してきた労働者や中流階級の人々の生活費よりも、（セクシュアルマイノリティーやBLMなどに関する）社会問題ばかりに意識が向かっている」と語ってくれた。ここでいう社会問題は、⑩文化戦争と呼ばれることもある。

「2016年の大統領選で民主党候補のヒラリー・クリントンが負けたのは、彼女がウォール街の利益を代表していると多くの人が思ったからだ。トランプは自分をポピュリストだとして普通の人たちを説得したことが奏功した。このときの反省は忘れてはならない」

ジョセフは保健福祉省で、貧しい人々に所得援助や社会サービスを施すため、各州に補助金を提供するプログラムに従事してきた。同省で27年間勤め上げた後、今はボストンの美術館でパートタイムのボランティアをしている。

彼の米国政治への憂慮は、左右の党派両方に投げかけられている。

「今の政治状況は、スポーツチームのように政党を感情的な理由で熱狂的に応援しているかのようだ。政策の是非には関心がなく、勝つこと、相手を負かすことに関心がある」

10年以内に起こること

8月下旬に調査会社ユーガヴ・アメリカ（YouGov America）と英国の『エコノミスト』誌が共同で行った調査では、6割超の米国人が今後数年間で分断が拡大すると予想し、4割超が今後10年以内に内戦が起こる可能性があると回答した。

分断収束のカギを握るのは何か。上智大学総合グローバル学部の前嶋和弘教授は「人種構成の変化だ」と指摘する。

「ヒスパニックやアジア系などの比率が一段と増し人種の多様化が進むと、共和党もそれらの票を取りに行くかもしれない。ただそのタイミングは、次の2024年や28年の大統領選のすぐ後ではなく、10年以上先のことだろう」

国勢調査局などの調査によると、2045年には米国において非白人の人口が白人を上回り、白人がマイノリティーになる。歴史的に米国は、伝統的価値を重視しキリスト教を信仰する白人男性が中心の社会だったが、国の歴史上初めてこの構造が転機を迎える。

米国の分断と構造変化が進むただ中で、これからいったい何が起こるのか。有権者たちの相互不信は、極限のレベルに達している。

（二階堂遼馬）

【用語解説】

① バイデン大統領の大型経済対策

対中政策や新型コロナウイルス対策で、バイデン政権は大きな政府へ向かっている。政権下では、米国救済計画（ARP）法、超党派インフラ法、CHIPS・科学法、インフレ抑制法などの大型法が成立。対GDP(国内総生産)比2割近い総額3・8兆ドル規模の財政出動となり、ルーズベルト大統領のニューディール政策をも上回る。ARP法はコロナ対策の直接給付金を含んでおり、国民には好評だった。が、中長期的に見ればインフレの誘因となり、批判も起きている。

② インフレ抑制法（IRA）

①気候変動対策、②処方薬価の引き下げ、③税制改革の3点を含む法律。2022年8月に、民主党のみの賛成で成立した。注目されるのは、総額約3900億ドルと米国史上最大の予算がつく①の気候変動対策だ。IRAの成立により、米国のエネル

ギー業界は今後大きな変貌が予想される。石油・ガスが発見されて以降、景気後退期を除いて米国でその需要が減ったことはなかった。それが、ＩＲＡによって再生可能エネルギーへの切り替えが加速することで減少していくだろう。

③ 大退職時代（The Great Resignation）

コロナ禍をきっかけに多くの会社員が自発的に離職している。米国労働省労働統計局によると、２０２１年には約４８００万人が自発的に離職した。離職率は同年11月、12月に3％に達し、調査を開始した２０００年以来の最高値を記録。直接的な要因はコロナ禍にあるが、それ以前から離職率は上昇傾向にあり、最大の要因がベビーブーマー世代の退職だ。コロナ感染リスクが高い職から低い職への転職、生活における仕事の位置づけを再考する動きも、離職率を高めたとみられる。

④ 学生ローンの免除

２０１１年のウォール街占拠運動で大学の学費高騰に焦点が当たって以降、学生ローン免除は民主党の重要政策課題となった。バイデン大統領は２０年の大統領選の公約を守り、２２年8月に最大2万ドルの学生ローン返済を免除する政策を発表。民主党が中間選挙での大敗を防ぐためには若者の投票率の引き上げが不可欠なことが背景にある。一方、「民主党は大卒者を支援するエリート寄りの政党」とのイメージを強め、労働者の民主党離れを加速させるリスクも。

⑤ ブラック・ライブズ・マター運動

人種差別、そしてとくに警察官による黒人に対する暴行について反対する社会運動のこと。２０１２年に黒人少年が自警団員によって殺害された事件が起こったが、翌年自警団員は無罪判決を受けた。これを受けて黒人女性3人がＳＮＳ上で世界中に広めた。２０年5月に起きたジョージ・フロイド暴行死事件後に注目はさらに高まった。現代米国社会で黒人に対する偏見が残っていることに関し、既存の法律をはじめ構造的な問題があるとして改革を求める声もある。

⑥ 寛容な移民政策

バイデン大統領は、ドナルド・トランプ前大統領の厳格な移民政策を変えると主張して当選した。ただ、主張とは裏腹にバイデン政権もトランプ政権時代に導入した移民抑制策である通称「タイトル42」を維持する形となり、移民を母国に強制送還できる状況は変わっていない。政権はタイトル42の停止を発表したものの、州政府の提訴を受けたためだ。移民政策をめぐっては、寛容な姿勢をアピールする民主党よりも、厳格な共和党に国民の支持が集まっている。

⑦ ロー対ウェイド判決

人工妊娠中絶を犯罪とするテキサス州法について、1973年に最高裁が出した違憲判決のこと。結果、約半世紀にわたり米全州で人工妊娠中絶の権利が守られてきた。それが覆ったのが22年6月。背景にあるのが、最高裁における勢力図の変化だ。リベラル派の判事が亡くなったことで、「保守派6人vsリベラル派3人」となった。ただ、社会全体では妊娠中絶の権利への支持は高まっており、中間選挙における民主党の挽回を後押しする可能性もある。

⑧ 議会議事堂襲撃事件

2020年の大統領選挙で再選を狙ったトランプがバイデンに敗北したことを受け、21年1月にトランプ支持者がバイデンの勝利認定を阻止するために連邦議会に乱入した事件。トランプ陣営は大統領選での敗北後に不正選挙だったとして司法で争うも、敗北。これを受け、大統領選が不正であったという陰謀論を信じるトランプ支持者が襲撃に参加したが、失敗に終わった。この陰謀論は今も健在で、共和党支持者の6割以上がバイデンは不正に当選したと捉えている。

⑨ フロリダ州のストップ・ウォーク・アクト

人種差別や性差別、気候変動など社会問題への「意識を高める（WOKE）」ことを禁じる法律。例えば企業研修や学校教育で有色人種の権利や性的少数者について指導をしたら、民事訴訟を起こされる可能性がある。2024年の大統領選に向け、フロリダ州のロン・デサンティス知事がトランプ支持派「MAGA（Make America Great Again）共和党員」の支持を確保することが最大の狙い。米国社会がリベラルな方向に進むことへの対抗措置としてアピールしている。

⑩ 文化戦争

民主党リベラル派と共和党保守派の文化・歴史認識をめぐる対立のこと。とくに移民、人種、人工妊娠中絶、性的少数者の権利、教育などの分野が対象で、舞台は学校や職場にも拡大。共和党寄りの国民の約6割は、2045年に非白人の人口が白人を上回って白人がマイノリティー化し、伝統的な価値観が弱体化することを懸念。経済政策では党内で意見が分かれる共和党だが、文化戦争をめぐっては見解が一致するため、党内団結のために積極的に争点化される。

＊用語解説は米州住友商事会社ワシントン事務所調査部長の渡辺亮司氏による

COLUMN

オバマが語った米国の分断

2022年9月初旬、米東海岸のボストンで開催されたイベントに第44代大統領のバラク・オバマが登壇した。主催したのは、米ソフトウェア企業のハブスポットだ。「世の中の分断は明らかに深刻になっている。民主党の地盤となる青い州も共和党の地盤となる赤い州も、本来は共通項があるにもかかわらず両者の対話は決裂している」

約45分間のスピーチに、満員となった会場の聴衆は耳を傾け時にはうなずき、万雷の拍手を浴びせていた。

スピーチが共感されたのは、ボストンが米国有数のリベラル派の牙城だからにほかならない。過去の大統領選挙でも民主党が圧倒的に強く、移民や人工妊娠中絶といった世論を二分するテーマに対して肯定派が多いとされる。

「きれい事」への反感

一方で、南部を中心とした共和党を支持する保守層が見る世界は、多様性を声高に主張する民主党とは相いれない。

在任中に外交で多国間協調を進めた結果、国内の雇用をないがしろにしたとみられるなど、共和党内では「きれい事」ばかりを口にするオバマへの反感は今も根強い。

ボストンは隣接するケンブリッジ市にハーバード大学やマサチューセッツ工科大学を置く、いわゆるエスタブリッシュメント（社会的地位が確立された人）の街。だからこそ、民主主義の劣化を嘆くオバマが歓待された面がある。

トランプ前大統領を遠回しに批判し「選挙の結果を受け入れましょう」と呼びかけたオバマの声は、米国の分断を前に広く響き渡ることはないのかもしれない。

「トランプ信者」とはいったい誰か

ジャーナリスト・横田増生

私が米ミシガン州の共和党事務所で選挙ボランティアとして戸別訪問を始めたのは、2020年3月のこと。スマートフォンのアプリの指示に従って住宅地を訪ね、アンケートに答えてもらうのが役目だった。

ボランティア初日、私は熱烈なトランプ応援団員に出会った。ドアの呼び鈴を押して待っていると、2匹のセントバーナードと一緒に50代の白人男性であるジョンが出てきた。

「何だって、ミシガン共和党のボランティアだって。そこに座って待っていてくれ」と、玄関先にあったパイプいすを指さす。すぐに戻ってきたジョンの手には、赤い帽子があった。「トランプ・2020・アメリカを偉大なままに！」と刺しゅうしてある。

「この帽子を20個買って、いろんな人に渡しているんだ。あんたにもやるよ。オレは共和党員ではなく、無所属だな。労働組合の委員長をやった頃には、民主党にも投票した。2008年にはオバマにも投票した。けれど、オレにとっていちばん大切な政策は妊娠中絶の是非なんだ。聖書の解釈で中絶は殺人に当たるので、どうしても認めるわけにはいかない。トランプはこれまでで最も中絶に反対している大統領だから応援しているんだ」

熱くて、陽気なたちのトランプ支持者だった。

戸別訪問1000件超

私は2020年の米国大統領選挙を取材するため、ミシガン州に移り住み、トランプ陣営である共和党のボランティアとして戸別訪問しながら、選挙戦を追いかけた。最終的に戸別訪問の件数は1000件を超えた。

その日から、ジョンにもらった帽子をかぶってボランティア活動に精を出した。この帽子のおかげで、トランプを熱狂的に支持する人たちの声を聞くことができた。

60代の白人男性の家を訪ねてアンケートを取り始めようとしたところ、ウォルターと名乗る40代の息子が「アンケートに答えてやるよ」と間に割り込んできた。

「オレは共和党員じゃない。無党派としてトランプを支持しているんだ。トランプはこの3年間、オレたちみたいな労働者のために多くの約束事を果たしてきてくれたからだよ」

トランプ支持者というより、トランプ信者に近い。どちらもトランプを支持しているという点では同じだが、信者となるとトランプのウソまでも鵜呑みにしてしまい、それが狂信や暴徒化につながることもある。

それが顕著に表れたのが、20年11月の大統領選挙でトランプが敗北した後のこと。選挙には大規模な不正があったというウソを信じて、大勢のトランプ信者が抗議活動を行った。年が明けてもトランプが敗北宣言を出さなかったため、国内の混乱は続いた。

その騒動に終止符が打たれるのが、21年1月6日、上下両議会で各州が集計した選挙人を合計し、バイデンの勝利を確定する日だと思われていた。その日の様子を現地で見届けるため、私はワシントンDC行きの飛行機に乗った。

飛行機の座席の同じ列に、ブルーのジャケットを着た女性がいた。その腕元を見ると、ビーズ細工で「QAnon」の文字がある。私は慌てて名刺を捜し出し、「Qアノンの信者なのか」と尋ねた。「そうよ。Qアノンの信者よ」と笑顔で答えたのは、ミシガン州ミルフォードに住むホーリー・スパルディング（47）だ。

Qアノンとは、小児性愛者と闘うという極右の陰謀論集団のことだ。「Q」は集団の首謀者を指し、そのQが出す質問に対し、匿名の信者がその答えを探し出す。政界やメディア、金融界のエリートが児童の性的な人身売買を行い、子どもの生き血をすする悪魔崇拝者に操られている、という。同時にトランプを悪魔崇拝者と闘う英雄として位置づける。

米国公共宗教研究所が2021年にまとめた調査結果によると、ネット上で17年後半に出現し始めたQアノン信者は、共和党や右派メディアの支持者に際立って多く、全米に3000万人以上いる。

スパルディングは、拍子抜けするほど米国のどこにでもいるような中流家庭の女性に見えた。しかし彼女もまた、陰謀論を信じている。「私自身が、選挙当夜、デトロイトの集計所に行って、壁に板が張られ、内部が見えなくされているのを見たわ。不正選挙が行われたことは100%間違いないわ」。

そう言うと彼女は「大統領選挙に勝ったのはトランプでしょう!」と、ほかの乗客に声をかけた。

すると「そのとおりだ」といういくつもの歓声とともに、トランプの帽子や旗などが振られた。彼女の話を聴くのに夢中になって気がついていなかったが、同じ飛行機に乗った客の半分以上が、トランプの集会に向かっている信者だった。

トランプが大統領職にあった4年間、彼はどんな怪しい、あるいは危険な思想の持ち主であろうとも、自らを支持し、投票してくれる人たちであればすべてを受け入れ、のみ込んできた。そうした有象無象の人々を束ねる求心力となったのが、トランプのつく無数のウソであり、黙許してきた陰謀論だった。
この負の引力によって吸い寄せられたトランプ信者たちによって、5人が死亡するという米国史の汚点に残る連邦議会議事堂襲撃事件が引き起こされたのだ。

横田増生（よこた・ますお）
1965年生。関西学院大学卒業後、米アイオワ大学ジャーナリズム学部で修士号。アマゾン、ユニクロなどへ潜入取材を敢行。近著に『「トランプ信者」潜入一年』。

米国は足早に景気後退に向かう

ＦＲＢ（米連邦準備制度理事会）が政策金利（ＦＦレート）の引き上げを開始したのは２０２２年３月だが、インフレ退治は後手に回った。０・２５％から９月の３・２５％までの急速な利上げで、長期金利も年初の１・７％台から足元の４％前後まで急上昇。ただ景気は減速が明らかだが、なお底堅く、インフレ鈍化は明確でない。

９月のＩＳＭ（供給管理協会）製造業景気指数は２年４カ月ぶりの低水準５０・９で、好不況の分かれ目となる５０割れ寸前。一方、コンファレンスボード（全米産業審議会）の消費者信頼感指数は年初の１１３・８から７月の９５・７まで急低下したが、９月は１０８・０へ持ち直している。

金利感応度が高い住宅価格には影響が出ている。ＦＨＦＡ住宅価格指数は前月比ではマイナス０・６％と２年２カ月ぶりに低下し、前年同月比でも伸び率が１３・９％と鈍化した。だが、家賃はまだ上昇している。

９月の米消費者物価指数（ＣＰＩ）は前年同月比で８・２％上昇と８月の８・３％上昇からほぼ変わらないが、前月比ではプラス０・４％と加速した。エネルギー価格は下落し食料品価格の上昇は鈍化しても、帰属家賃やサービス物価の上昇が加速した。おそらくＦＲＢが重視する個人消費に関わるインフレ率（ＰＣＥデフレーター）も７〜９月期は上昇し高止まりしたとみられる。

ボルカー時代に匹敵するインフレ率

米国のインフレ率の推移

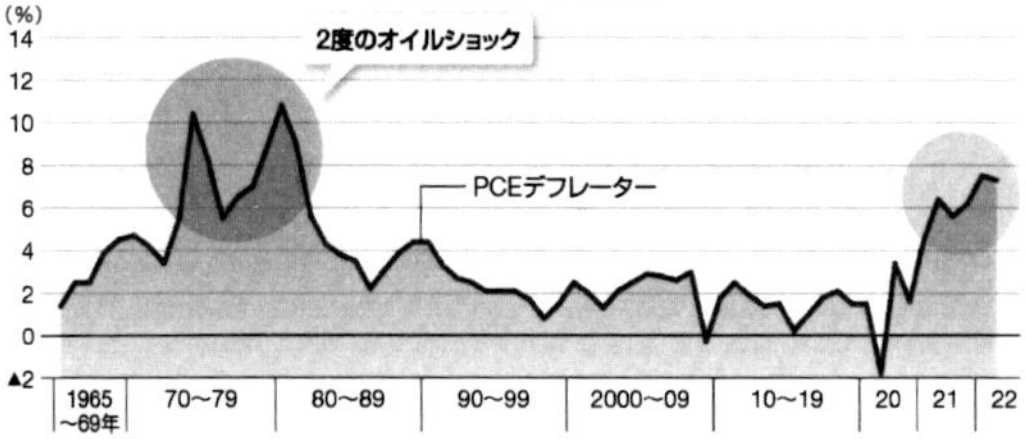

(注)▲はマイナス　(出所)米国商務省

カギは賃金が上昇し続けていることだ。インフレ退治には雇用環境の悪化が必須だ。だが、雇用環境を見ると9月の非農業部門雇用者数は26・3万人の増加でなお底堅く、失業率は3・5%と8月より0・2ポイント低下している。

賃金の上昇が止まらない

雇用コスト指数の推移

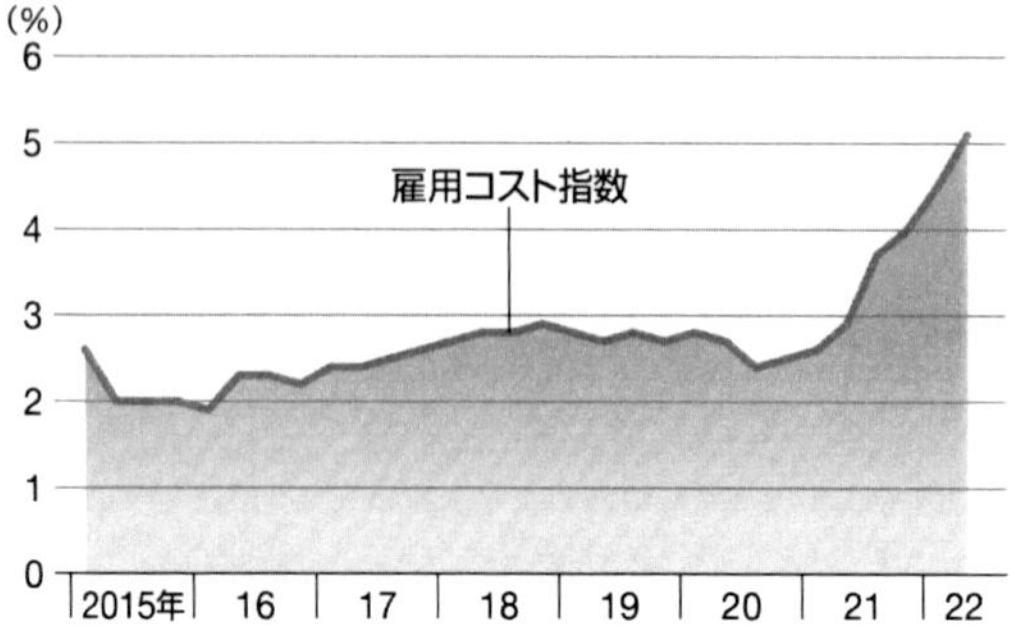

（注）賃金に福利厚生費を含む　（出所）米国労働省

住宅価格は下落も家賃はまだ上昇

FHFA住宅価格指数と家賃物価の推移

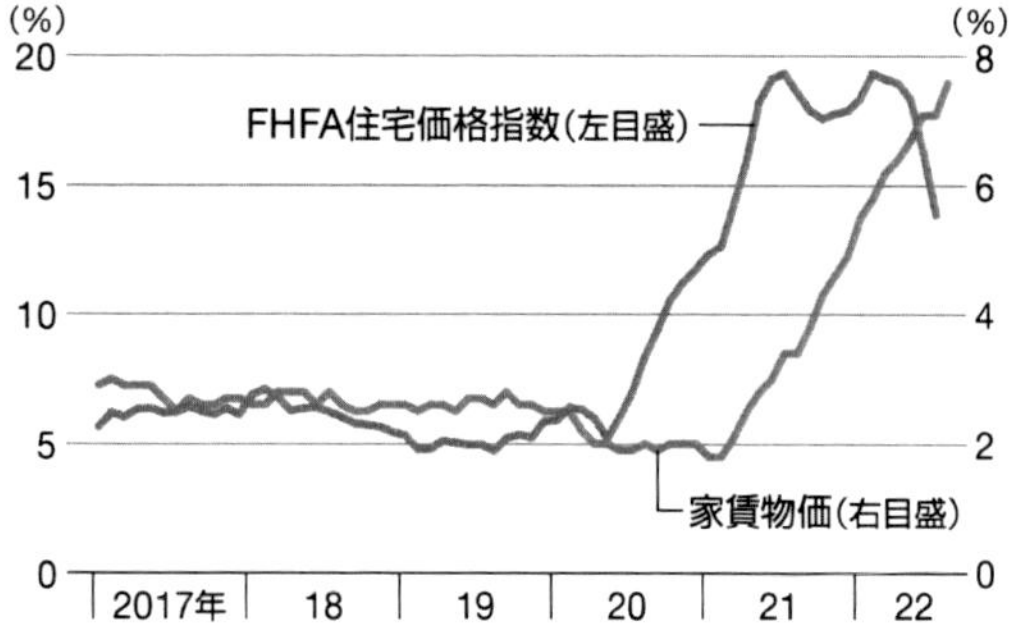

（注）前年同月比　（出所）FHFA、米国労働省

財政大盤振る舞いのツケ

インフレの原因として供給制約に目が行きがちだ。だが、多くの国でコロナ禍への対策として金融緩和と並んで財政拡張が行われた。そのこともインフレを押し上げた。とくに米国のインフレは強すぎる需要の作用が大きい。

コロナ対策としてトランプ前大統領の時代に手厚い現金給付や失業手当を含む3兆ドルもの財政支出、さらにバイデン大統領も米国救済計画（ＡＲＰ）法の１・９兆ドルにインフラ投資法１・２兆ドルなどの財政出動を行った。米国の家計の貯蓄は積み上がり、低金利下での未曾有の大盤振る舞いで、株価も２０２１年秋まで上昇を続けた。これらが爆発的な消費に火を付けた。

加えて早期退職が急増、「大離職時代（Great Resignation）」と呼ばれるほどの現象になった。コロナの感染回避が原因とされるが、多すぎる給付金や資産価値の上昇もこれを後押しした。賃金が上昇した今も労働市場に戻ってくる人が少ないことはＦＲＢの想定外だ。

サプライチェーンの分断、ロシア・ウクライナ戦争に加え人手不足による供給制約、それに強すぎる需要。賃金と物価のスパイラル的な上昇が起き、人々が高いインフレ期待を抱く厄介な状況だ。

ＦＲＢのパウエル議長は景気を犠牲にしてインフレ退治を急ぐ構えだ。22年8月のジャクソンホールでの講演、9月のＦＯＭＣ（連邦公開市場委員会）では「インフレを2％に下げることが焦点」「痛みは避けられない」が「物価安定の回復に失敗すればより大きな痛みをもたらす」とした。

年内会合は2回を残すのみだが、ＦＯＭＣメンバーの政策金利見通しの年末中央値は4・4％。これを超えてくる可能性もある。

一方、エリザベス・ウォーレン上院議員など民主党の左派は、「ＦＲＢは雇用を悪化させようとしている」「賃金上昇の何が悪いのか」となお非難する。

だが、生産性の上昇を伴わない中、いずれ賃金は物価に追いつかなくなり、パウエル議長の言葉どおり深刻なスタグフレーションにつながる。その可能性はインフレ退治が遅れれば遅れるほど高まる。

米国経済に詳しいみずほリサーチ&テクノロジーズの小野亮プリンシパルによれば「米国の生産性は、コロナ対応でIT投資に拍車がかかり、一時は上昇が見られたが、再び低下し過去のトレンド線に戻ってきている」という。

一連の経緯は、金融緩和・財政拡張という景気拡大策を講じることは容易だが、その結果としていったんインフレに火が付くと、金融引き締め・財政削減などの景気抑制策に早めに踏み切るのは政治的に難しいことを示している。

年内にも景気後退入りか

バイデン政権は8月、中間選挙へ向けて学生ローンの免除を打ち出した。学生ローンの債務残高は1・6兆ドルあり、約4300億ドルが免除の対象となる。だが、インフレ抑制には逆効果のうえ、比較的恵まれた立場の大学生を支援する案に反対も多く、共和党知事の州が訴訟を提起している。

すでに10月3日時点で連邦政府の債務残高は31兆ドルを超えており（財務省公

表)、22年末には債務上限31・4兆ドルに到達してしまう見込みだ。中間選挙後は、つなぎ予算や上限引き上げをめぐって党内の対立、共和党との交渉が厳しくなることが予想される。

相反する政策を抱えながら、米国の景気がいつ、どの程度悪化するのかが焦点だ。実は米国の実質GDP(国内総生産)成長率はすでに1~3月期、4~6月期と2四半期連続の前期比マイナスでテクニカルリセッションと見なされるが、1~3月期は輸入の急増、4~6月期は在庫積み増しの要素が大きい。生産や販売、雇用は強く、景気後退とはみられていない。

実際に指標が悪化するのはいつか。急速な利上げで、2023年半ばといった当初のエコノミストたちの予想よりは早まったとみられる。年末、あるいは23年1~3月期か。悩ましいのは、雇用は景気指標の中では遅行指標であり、雇用の悪化を確認するまで引き締めると景気を冷やしすぎることだ。

また、ロシア・ウクライナ戦争の長期化、米国のみならず各国の財政拡張的な政策などインフレを長引かせる材料も多い。ＦＲＢが目指すのは浅く短い景気後退といったソフトランディングだが、引き締めによるリセッションでは企業の債務や雇用のリストラで景気が大きく落ち込むのが常だ。

選挙後、共和党多数となった議会がバイデン大統領の財政拡張を阻むなら、インフレ退治にはプラスだが、景気は想定以上に悪化するリスクもある。

（大崎明子）

まず英国で金融市場が混乱

世界に広がる「流動性」危機

米国の雇用統計やCPI（消費者物価指数）の強さを受けて長期金利が上昇し、株式市場が下落する展開が続いている。NYダウは2022年8月16日の3万4152ドルをピークに足元で3万ドルを割った。

FRB（米連邦準備制度理事会）は景気後退を覚悟してインフレ潰しを行う意志が強い。リーマンショック後長く続いた「中央銀行プット」、つまり株価を支える行動は期待できないことを、市場参加者がようやく理解した。

22年9月には米国の量的引き締め（QT、国債の売却によるマネーの吸収）も加速し、長期金利が一段と上昇した。そこへ起きたのが英国発の金融市場の混乱だ。

財政リスクとレバレッジ

トラス新政権が22年9月23日、計450億ポンド（当時のレートで約7兆円）の大型減税、法人税引き上げの撤回と所得税引き下げを発表。1500億ポンド（同23兆円）を超えるエネルギー料金の凍結予算と併せて「財源なき財政出動」と受け止められた。紙幣濫発の「財政インフレ」が意識されたのだ。

英国の長期金利は22日の3・4%から27日の4・5%へ急騰し、ポンドは急落。世界に波及し、債券が売られ（金利上昇）、株も売られ、投資家は現金確保に走った。渦中の英国で起きていたのが、年金基金の国債換金売りだった。金利急騰により、金利スワップやレポ（債券貸借）取引の担保国債の価値が急落し、追加の証拠金の投入を迫られた。

焦点となったのは、年金基金の運用管理の手法LDI（負債主導の投資）だ。年金基金は受給者への約束（負債利回り）に見合う国債で運用するのが本来の姿。足りない分は資本で調整する。ＬＤＩも当初はそれが基本だった。

ところが、英国では労働者の権利が強く確定給付型が一般的で、利回りの引き下げも通りにくい。積み立て不足の問題もある。そこで、資産側で金利スワップを多用し負債へのマッチングを行い、余ったキャッシュを使って、株やハイイールド債などリスク資産に投資して収益をあげることが横行した。中小企業の寄り合い所帯の基金に業者がこうした取引を広めた。

つまり、真の問題はここでも低金利環境を利用した「レバレッジ」の氾濫であり、金利上昇が流動性危機（資金繰り難）、金融危機につながる典型的なパターンだ。

年金基金の流動性危機に対し、英国では中央銀行であるイングランド銀行（ＢＯＥ）が１０月１４日までの時限で国債の買い上げ枠などを設けて、「最後の貸し手」として資金を提供した。

だが、ＢＯＥはそれまでインフレ抑制のために大幅な利上げを進め、ＱＴも行っており、３０日からは国債売却を再開するとした。つまり、流動性危機で一時的に政策の逆行を迫られたのだ。

発端となったトラス首相は盟友のクワーテング財務相を14日に更迭し、大型減税案を撤回した。外務相などを歴任した後任のハント財務相は、持続可能な財政計画に見直す。1カ月で目玉の成長戦略の放棄を余儀なくされたトラス政権は存続が難しいとみられる。

英国では、住宅ローン危機も懸念される。「住宅価格が上がり続けてきたことから、多くの家計が住宅ローンを組んでいるが、ほとんどは2年あるいは5年の金利固定期間の後、変動金利に移行する商品のため、破綻が多発するおそれがある」と大和総研ロンドンの菅野泰夫シニアエコノミストは言う。

英国は世界第2位の純債務国で、経常赤字国だ。海外からの資本流入に頼らなければならない脆弱さを持ち、ポンド危機も何度か経験している。資本流入がシティーの金融サービスを支えていただけに、「財政インフレ」疑惑は最悪だ。政治的に不安定なイタリアなど欧州の債務危機再燃も懸念される。

ただし、現在ほとんどの先進国で、中央銀行がインフレ抑制のために金融引き締めを行う一方、インフレの国民生活への打撃を緩和するよう財政出動を行っている。後者はインフレには逆効果で、過度な引き締めが必要になる。

債券・クレジット市場に詳しいみずほ証券の大橋英敏チーフクレジットストラテジストは「ブレーキとアクセルを同時に踏むこうした政策は、車があらぬ方向へ吹っ飛ぶように、市場参加者にも思わぬ反応が出て金融市場に混乱を招きかねない」と指摘する。

低金利下で先進国から多額の投融資が行われたため、新興国にはドル債務が積み上がっている。ドル金利の上昇に利上げで対抗しても資金流出が続き、通貨安でインフレが国民生活を脅かす。

「1990年代と異なりペッグ制ではないので、通貨危機に陥るおそれは小さいが、利払いや元本が膨らみ債務危機のリスクは高まる」と第一生命経済研究所の西濱徹主席エコノミストは話す。外貨準備はトルコや南アフリカは水準がとくに低く、インドネシアやマレーシア、韓国も急減している。新興国への与信リスクはブーメランのように先進国に返ってくる。

リーマンショック以降、国際的な規制強化で金融機関は資本を積み増しており、取引にも数々の制限が課された。米国の家計や金融機関の財務は健全で、デフォルト（債務不履行）が銀行システムを通じてスパイラル的に生じる金融システム危機のリスクは減った。

その裏で長く続いた低金利を背景に直接リスクを取るノンバンクは、「影の銀行」と呼ばれる。年金基金、ＭＭＦ（マネーマーケット・ファンド）も含む投資信託、ファンドなどで、レバレッジ取引が積み上がる。こうした影の銀行の大幅損失、資金繰り難による凍結、破綻などのイベントは今後もありうる。それを受けて投資家が一斉にリスク資産を売り、キャッシュ確保に走ることで、流動性危機が生じるかもしれない。

インフレ下で、各国中央銀行は従来のようにバブルの崩壊を新たなバブルでしのぐこと（金融緩和）はできなくなっている。市場が大きく調整し底を見るか、景気悪化でインフレがある程度落ち着く形になるまで、市場の不安定は続くだろう。

（大崎明子）

日本以外は米FRBの利上げに追随

各国政策金利の推移

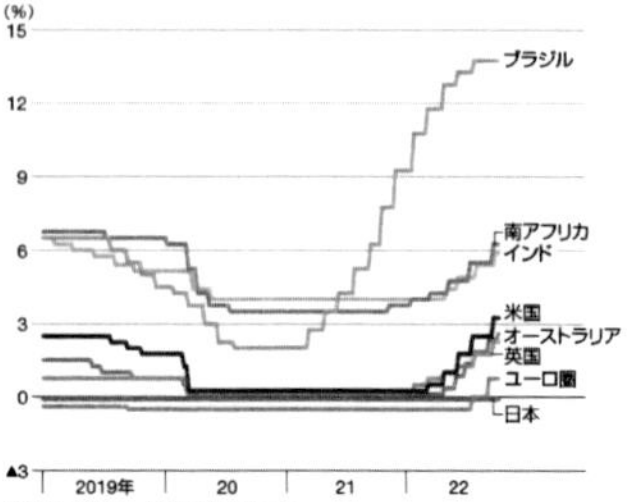

（注）▲はマイナス　（出所）各国中央銀行

今夏以降、金利が急上昇

米国と英国の2年、10年債券利回り

（出所）QUICK

銀行以外のファンドにリスク

ファンドの純資産とノンバンクのシェア

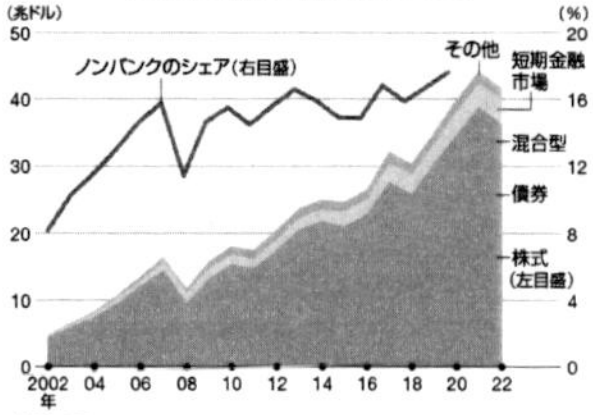

（出所）IMF

デカップリングできない半導体

「私たちの世界は分岐点にある」。2022年10月12日に発表された米国バイデン政権の国家安全保障戦略の序文1文目には、厳しい世界情勢への認識を端的に表す言葉が組み込まれた。そして同戦略は「いかに米国の死活的な利益を高め、地政学上の競争相手に打ち勝ち、共通の課題に向かい、世界を輝く希望にあふれた未来に導くかを描いている」とうたう。

競争相手と名指しされているのは当然中国だ。「国際秩序を変える意思と能力を併せ持つ唯一の競争国」と警戒心を隠さない。

世界の2大超大国の対立が当然の認識となって久しい。中国との経済的なつながりを断つデカップリングの議論が米国とその同盟国などで渦巻く。経済安全保障が錦の御旗として掲げられ、数多くの自国産業支援政策が打ち出されている。国家安全保障戦略でも、中国との競争に勝つ具体策の柱の1つに米国の国力・競争力を強化する産業や技術への注力を掲げる。

8月9日には、米国の半導体産業に巨額の補助金をつぎ込む「CHIPS・科学法」が連邦議会で可決された。国内の分断が深刻化しているにもかかわらず、民主党、共和党双方から賛成多数を獲得。中国への対抗の必要性と、その中核に半導体が位置づけられていることが、米国政内のコンセンサスであると改めて示された。

動きは早まっている。9月9日にバイデン大統領はオハイオ州で行われたインテルの半導体工場の起工式で演説。「安全保障に不可欠な製造業の国内回帰を進めるために520億ドルの公的資金を投入する政策が支持された証しだ」と高らかに宣言した。同工場は1月に200億ドル規模の建設計画として発表されていたものの6月に起工式の延期が明らかになり、その理由としてCHIPS法の成立が遅いことが指摘されていた。

インテルはアリゾナ州でも2つの半導体工場の建設を進めている。また半導体受託製造世界最大手の台湾積体電路製造（TSMC）や韓国・サムスン電子も先端半導体工場を米国で建設する計画を持つ。米半導体工業会（SIA）によれば、米国で先進的な半導体工場を建設し10年間維持するコストは台湾や韓国よりも3割高い。補助金が米国新工場のインセンティブとなっているのは間違いない。

中国にとってこの状況は厄介だ。CHIPS法には、財政支援などを享受した企業に対して中国での新規投資を一定期間禁止するガードレール条項が含まれている。

さらに10月7日には半導体の先端技術の輸出規制を拡大する新たな措置が発表された。米商務省は「(中国の）高度な半導体の入手や製造能力を制限する」とその意図を説明。中国外交部の毛寧副報道局長は「中国企業への悪意ある封じ込めと抑圧だ」と批判した。

すでに米政府は、中国の半導体受託製造最大手の中芯国際集成電路製造（SMIC）などへの、先端半導体の製造に必要な装置の輸出を厳しく規制している。今回の規制で、メモリー大手のYMTC（長江存儲科技）などが米技術を使用した半導体を軍事転用する懸念があるリストに加えられた。

また半導体の開発や生産の支援につながる米国人の行動は許可申請が必要になる。中国の経済メディア「財新」は、現地メーカーに多数在籍する米国籍エンジニアの処遇や、米国の製造装置メーカーのサポート人員の退去などをめぐり影響が出始めていると報じている。

自給率上がらない中国

このような事態に中国は備えようとしてきた。2015年に発表したハイテク産業振興策「中国製造2025」では「核心的基礎部品・カギとなる基礎材料」の「自主保障」を25年までに7割にする目標を掲げた。中国自身は16年の半導体の自給率を33%としており、それを7割にする意図と解釈されてきた。

18年にZTE、19年にはファーウェイ(華為技術)と自国の通信機器大手が相次いで半導体入手を米国によって規制され、中国の危機感は加速。製造装置・材料の業界団体SEMIによれば中国では24年までの4年間で大規模半導体工場を31カ所建設する計画があり、12カ所を予定する米国を上回る。

しかし、自給率は思い描いたように上がっていない。米調査会社ICインサイツが5月に発表した中国の半導体市場の動向では、21年の中国の市場規模に対する同国の半導体生産量は16・7％に満たず、26年も21・2％にしかならないと予測された。さらに中国に本社を置く企業による半導体生産に限定すると21年の自給率は6・6％だという。

これらは中国が主張した16年の33％を大きく下回るため、算出方法に違いがあるとみられる。ただ、大規模投資を連発しても自給率が上がらないのは貿易関連の統計からも明らかだ。一般的に半導体を指す集積回路（IC）の中国の輸入額は2012年の2000億ドルから21年に4000億ドルまで拡大。輸入品目で2位である原油の約2倍の規模となっており、中国政府は国富流出の点でも半導体産業の現状を看過できない。

しかも国内半導体産業の内実は心もとない。生産増強が予定される半導体は、台湾や米国のように微細化が進んだ先端技術ではなく成熟した数世代前の技術だ。相次ぐ米国の規制によって先端半導体を生産するのに必要な製造装置の導入が進まないことが要因の1つだが、現場の生産技術の向上が進んでいないことも大きい。

中国で大規模投資加速だが、最先端半導体は米台に集中　米中の今後の半導体生産拠点や投資

国	拠点	企業	テクノロジーノード	状況	投資額
中国	北京	SMIC	28nm以上	2024年から順次稼働予定	76億米ドル
	上海	SMIC	28nm以上	稼働時期未公表	88.7億米ドル
	天津	SMIC	28nm以上	稼働時期未公表	75億米ドル
	南京	TSMC	28nm	22年末～23年半ばに増強完了	
米国	アリゾナ	TSMC	5nm	24年稼働予定	120億米ドル
	アリゾナ	インテル	5nm（2nm相当）	24年稼働予定	200億米ドル
	テキサス	サムスン電子	3nm	24年稼働予定	170億米ドル

（注）投資額は各発表時のもの。SMIC上海では14nmを既存のファブで生産中。またTSMC南京では16nmをすでに量産中
（出所）各企業発表や各国当局資料、取材、報道を基に東洋経済作成

量を重視した中国企業

ある男性エンジニアは台湾の半導体受託製造企業から5年前に中国の大手半導体メーカーに移籍したものの、22年夏台湾に帰国した。中国の半導体産業の実態について「先端品の生産技術の開発体制がまったくできていない」と指摘。「生産量を増やすことが優先され、すぐできる数世代前の技術を使った半導体ばかりを生産していた。また微細化が進むほど、歩留まり改善のためのノウハウ蓄積が現場で重要になるが、（人材の）流動性が高く、担当者の辞職や移籍で定着しない」とその背景を話す。

このような状況は自給率向上が進まないことにも影響しているとみられる。前出のエンジニアは「生産設備を大量に導入したがそれらの装置を満足に扱える人材は現場で十分な数が育っておらず、稼働率や歩留まりが一向に上昇しない」と指摘する。多額の資金を注入してきたものの、期待された成果が出ない半導体産業に中国政府はいら立っているようで、国内半導体メーカーへの資金配分を担ってきた国策ファンドへの汚職調査が相次いでいる（後述）。

中国政府の思いどおりには自給率が上がらず、米国政府の狙いどおり先端品の生産が進まない現状は、半導体分野における技術覇権の勝敗が見え始めたとも取れる。だが、それは産業のデカップリングを意味していない。大半の電子機器や家電、自動車などにはローエンド半導体が必要であり続ける。

先端品の9割はTSMCが拠点を置く台湾がシェアを握る。22年1~8月の台湾のIC輸出先で中国は依然58・4%と最大である。輸出された半導体は中国の工場で電子機器に搭載され、米国を含む世界に輸出される。それら製品には中国で製造されたローエンド半導体も併せて搭載されることが多い。完全なデカップリングの可能性はなお低く、米国はサプライチェーン上での中国依存度を少しでも下げるので精いっぱいだ。一方、中国は米韓台の半導体メーカーが「収益になりづらい」と軽視するローエンド品の生産量を増やし、世界の半導体工場であり続けるだろう。

TSMC創業者の張忠謀氏は4年前の引退報告を兼ねた株主総会でこう断言していた。「大陸（中国）の半導体製造技術が進歩してもTSMCには5~7年遅れたままだろう」。米国やその同盟国はさらにデカップリングを進めようとする。ただ技術水準のすみ分けが見え始めた中、今以上の分断にコストをかけるのは合理的なのか。国際政治や経済への負の影響にも目を向ける必要がある。

（劉　彦甫）

【財新リポート】7兆円の巨大国策ファンドをめぐり疑惑が噴出

中国の「半導体キーマン」が続々連行される衝撃

米国の経済制裁の対象である半導体の国産化は、中国の最重要政策の1つ。国を挙げて力を入れる一方で、半導体強化政策の中核である巨大国策ファンドの幹部たちが次々と当局に連行され、取り調べを受けている。中国の調査報道メディア「財新」が衝撃的事件を特報した。

中国の半導体業界に、反腐敗の嵐が吹き荒れている。2022年7月末に国家集成電路産業投資基金（CICF。ほかの国策ファンドとは別格で「国家大基金」と呼ばれている）の総経理（社長に相当）である丁文武氏が、重大な規律違反の疑いで、中国共産党中央規律検査委員会などから取り調べを受けていることが明らかになった。

丁氏がトップを担うＣＩＣＦは２０１４年９月設立。調達額は第１号ファンドが１３８７億２０００万元（約２・７兆円）、第２号ファンドは２０４１億５０００万元（約４兆円）に上る。多くの半導体投資ファンドの出資母体で、半導体産業向けのリース会社である芯鑫融資租賃の株主として、負債調達にも間接的に関わっている。

これまでＣＩＣＦは、中芯国際集成電路製造（ＳＭＩＣ）、上海華虹、長江存儲科技（ＹＭＴＣ）、江蘇長電科技、北方華創科技集団、中微半導体設備といった、半導体サプライチェーンの上流から下流までに位置するトップ企業を支援してきた。株を保有する上場企業だけで３４社にも上るため、ささいな事件が起きるだけでも、半導体業界全体に影響が及ぶ。

丁氏が連行される数日前の７月１５日の晩には、華芯投資管理（以下、華芯投資）の元総裁である路軍氏が、重大な規律違反と法規違反の疑いで、当局から取り調べを受けていることが明らかとなった。華芯投資はＣＩＣＦの唯一の管理運営者（ゼネラルパートナー）であり、日頃から同ファンドの運用を請け負っている。

さらに7月16日には、国有半導体大手の紫光集団の前・董事長（会長に相当）である趙偉国氏、同社の前共同総裁の刁（チョウ）石京氏、北京紫光科技服務集団の董事長である李禄媛氏も当局に連行された。

儲からないのはバカだけ

わずか2週間で、CICFの多数の関係者が当局に連行され、取り調べを受けるか、連絡が取れない事態となっている。

今回の騒動は、当事者たちにとっても電撃的な事件だったようだ。丁氏は7月16日に福建省の廈門（アモイ）を訪れ、半導体業界のフォーラムに出席。「ここ2年間の半導体業界は活況に沸き、儲からないのはバカだけだといわれるほどだ」と壇上で語ったが、これは彼が最後に姿を見せた公の場になった。

7月27日には米国議会上院で、半導体の国内生産を支援するCHIPS法が可決されるなど、世界中で半導体支援の流れは加速している。こうした状況下、中国の中央政府が財政的な支援を行うＣＩＣＦで発生した反腐敗の嵐は、市場関係者からの怒りを買っている。

ある半導体企業の幹部は、「半導体の投資サイクルは非常に長く、多くの企業が必要とする金額も大きい。国家レベルの支援は、欠陥があるとしても過度に否定すべきではない」と財新記者に語る一方、市場関係者からは、「財政資金を投入して半導体投資に参加するという中央政府の歴史的使命はすでにほぼ終えている。地方政府などがそれを引き継ぐべきで、ＣＩＣＦの必要性はすでに薄れている」との声も出てきている。

（『財新周刊』２０２２年８月８日号から抄訳）

混乱するEV政策の行方

2022年8月、米国で成立したある法律が自動車業界を揺さぶっている。「インフレ抑制法（IRA）」。バイデン米大統領の看板政策である気候変動対策を中心に4990億ドルの歳出を行う一方、7380億ドルの歳入を図り景気の過熱を抑えるインフレ対策をうたう法律だ。

同法には電気自動車（EV）の購入に伴う税額控除、つまりEVの普及促進策が含まれるが、自動車業界にとって問題なのが「IRAによるEV税額控除は対象が大幅に縮小してしまう」（アーサー・ディ・リトル〈ADL〉ジャパンの岡田雅司プリンシパル）ことだ。

IRAでは、EVの購入者に対して最大7500ドルの税額控除を設けている。この金額自体はこれまでと同じだが、今回定められた要件が厳しすぎるのだ。大ざっぱに言えば、EVの車両と電池について「北米産化」と「中国除外」を求めているからだ。

税控除を受ける要件は厳しい

インフレ抑制法のEV購入支援策

（税控除額は最大7500ドル）

中国を含む特定国の企業によって抽出、処理、リサイクル、組み立てが行われている場合は、控除対象外（重要鉱物は25年、部品は24年から）

要件1 **北米**（米国、カナダ、メキシコ）**で最終組み立てされた車両であること**

要件2 **バッテリーに含まれる重要鉱物が、自由貿易協定を結ぶ国で抽出・処理されているか、北米でリサイクルされていること**

※2023年から調達価格の40%以上が上記要件を満たす必要あり。段階的に引き上げられ27年以降は80%以上に

要件3 **バッテリー用部品が北米で製造されていること**

※2023年から調達価格の50%以上が上記要件を満たす必要あり。段階的に引き上げられ29年以降は100%に

（出所）法律を基に東洋経済作成

先の図の要件1（車両の北米産化）は、これを満たしていないとそもそも税額控除の対象外となる。要件1をクリアしたうえで要件2、要件3に合致した場合、それぞれで最大3750ドルの税額控除を受けられる。

さらに、3要件をクリアしていても、リチウムやコバルトなど電池の原料となる重要鉱物や電池部品の生産工程で中国との関わりがある場合、税額控除を受けられなくなってしまう。

この露骨な米国誘導に日本、韓国、欧州などはWTO（世界貿易機関）違反だと批判している。さらに、電池に関する要件については、中国メーカー製の電池や電池材料を採用してきた米系メーカーも戸惑いを隠せない。

あまりに厳しい税額控除の条件に対し、米欧日韓の主要メーカー（米テスラを除く）が加入する自動車イノベーション協会（AAI）のジョン・ボゼーラ会長兼CEOは、「ほとんどの車両は（法成立後）すぐに控除の対象外になる」「2030年までにEVの販売台数を40～50％にする目標も達成できなくなる」との声明を出し、危機感を示した。

現行車種の7割が対象外

ＡＡＩによると、8月時点で米国市場に投入されているＥＶ（プラグインハイブリッド車〈ＰＨＶ〉、燃料電池車〈ＦＣＶ〉を含む）は７２車種。このうち7割が対象外となり、中国除外などの要件が発効するとフルで控除を得られる車両はゼロだという。

ＥＶはまだ割高なので、公的支援頼みが現実である。つまり、ＩＲＡによって普及にブレーキがかかる可能性が高い。ＥＶ推進派として知られるバイデン大統領は宗旨変えをしたのだろうか。

答えはノーだ。バイデン大統領は9月にデトロイトで開催された北米国際自動車ショーの会場を訪れて米ＧＭ（ゼネラル・モーターズ）などのＥＶに試乗し、講演でもＥＶ推進をアピールしている。

ＩＲＡとＥＶ政策に矛盾が生じる理由について、ナカニシ自動車産業リサーチの中西孝樹代表アナリストはこう解説する。「ＩＲＡは経済安全保障に重きを置いている。米国民の税金を使ってＥＶを普及させると、電池のサプライチェーンを握る中国がますます強くなる。少々ＥＶ普及が遅れても、中国を外そうということだ」。

ＡＤＬジャパンの岡田氏も「経済安全保障の観点から、友好国を含めた電池のサプライチェーンを確立することで、中国などの国々への依存度を下げたい。そのうえで一気にＥＶへ舵を切る土壌をつくったとみるべきだ」と指摘する。

米国への投資を呼び込む

実際、ＩＲＡに後押しされるかのように自動車メーカーや電池メーカーの米国での投資は活発化している。法案の大枠が見えてきた２２年春以降の大型案件に限っても、韓国の現代自動車が、約５５億ドルを投資してＥＶと電池の新工場をジョージア州に建設すると発表。米フォードは中西部で、３７億ドルを投じるＥＶの生産体制増強を打ち出している。

日本勢ではパナソニックエナジーが、テスラ向け電池の新工場計画がカンザス州の補助金承認を受けたと公表。ホンダはオハイオ工場でのＥＶ生産や、韓国のＬＧエナジーソリューションとの電池の合弁工場建設を、トヨタ自動車は米国でEV用電池生産に3250億円を投じる計画を発表している。

22年5月に日本国内でのEV専用ライン設置を公表したSUBARUは、「米国でのEV生産も次のステップでの検討事項になっている」としている。

ただし、これらの新工場の大半は25年以降の稼働。やはり23年、24年は税額控除が大きく減ることは避けられない。24年以降の部材や原材料での中国除外にはまさにこれから対応することになる。

IRAでカギとなる車載用電池の場合は、中国と韓国が2強。世界最大手の中国CATLは、フォードや独BMWへの供給を前提に米国工場を建設する計画もある。資本構成などの工夫で中国除外の要件を回避できるのかが焦点となりそうだ。

電池そのものに加えて、電池材料においても中国への依存度は高い。脱中国は可能なのか。トヨタ幹部は「わからない」としたうえで、「米国でビジネスをするなら対応していくしかない。みんなでよーいドンになる」と覚悟を語る。

国別では中国と韓国が2強

車載用リチウムイオン電池メーカーシェア

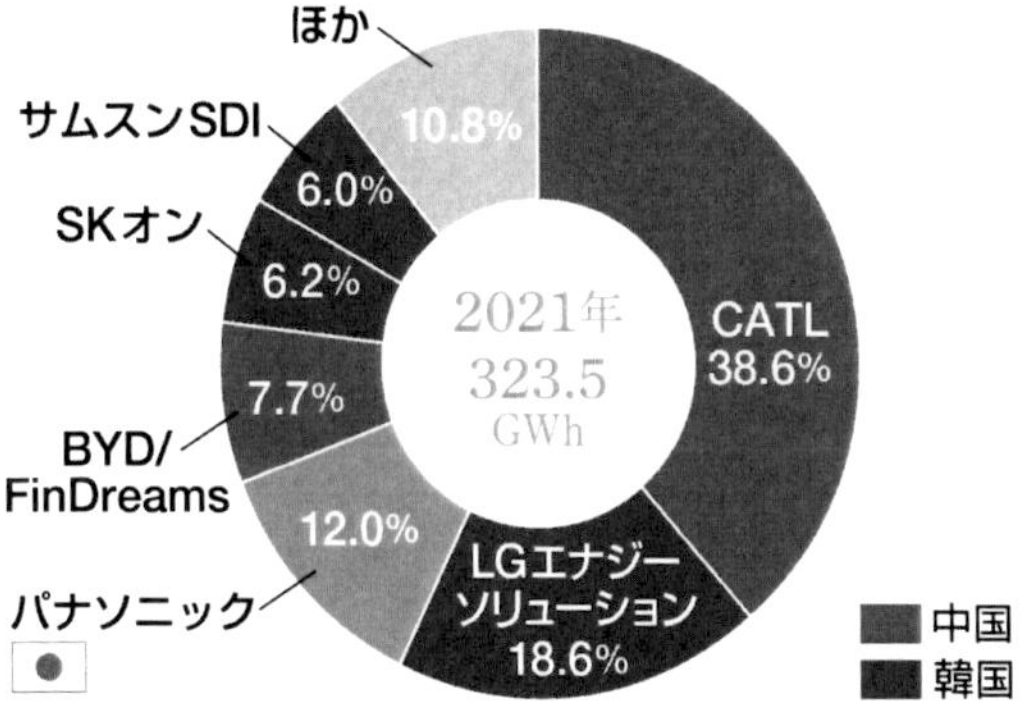

（出所）テクノ・システム・リサーチの調査を基に東洋経済作成

ＩＲＡの文面どおりならば、短期的に打撃が大きいのは現代自動車だ。ヒットしているＥＶ「アイオニック５」は、韓国で生産し米国に輸出している税額控除を受けられなくなると死活問題だ。

一方、短期的に恩恵を受けそうなのはＧＭとテスラだ。従前はメーカーごとの税額控除の上限台数が設定されており、２社は上限に達していた。ＩＲＡで上限が撤廃されたため、要件を満たす車種は２３年も税額控除を受けられる。とはいえ、２社も２４年以降の中国除外はクリアできるか不透明だ。日系メーカーの場合は、そもそもＥＶのラインナップ自体が乏しいため、２３年の影響は限定的といえる。

もっとも、制度運用のためのガイダンス作成はこれから。法の大枠は変えられなくても、文言の定義や解釈で要件を緩められる可能性はある。パブリックコメントの募集も始まっており、メーカーのロビー活動も激化しそうだ。

トランプ復権で一波乱も

米国のEVシフトの行方を左右するのはＩＲＡだけではない。

トランプ前大統領は、石油産業を支持基盤に持ち、反ＥＶで知られている。２４年の次期大統領選挙でトランプ氏が返り咲けば「間違いなく米国のＥＶの普及は遅れる」（ＡＤＬジャパンの岡田氏）。

ＩＲＡで全メーカーのＥＶ販売が鈍化し、さらにトランプ大統領復活となれば、ＥＶで出遅れた日系メーカーにとってむしろプラスとなる展開もありそうだ。しかし、前出の中西氏は「日系メーカーにとってたいへん厳しいことは変わらない」と甘い見方を一蹴する。

米国では国の方針とは関係なく、ＥＶ普及を推し進めている州がある。筆頭がカリフォルニア州で、走行時に排ガスを出さないＺＥＶを２６年に３５％、３５年には１００％とすることを求めている。

ＺＥＶにはＥＶ、ＦＣＶ、電池だけで約８０キロメートル走れるＰＨＶまで認めるが、ＰＨＶもＺＥＶ全体の２０％が上限。エンジン車は当然として、通常のハイブリッド車（ＨＶ）もＺＥＶに含まれない。規制基準未達だと１台当たり最大２万ドルの罰金が科せられる。

カリフォルニア州の規制は、オレゴン州、ニューヨーク州なども採用している。これらの州では日系メーカーのシェアが高い。つまり、ＩＲＡでＥＶに逆風が吹こうと、トランプ氏の復活の可能性があろうと、日系メーカーはＥＶシフトを弱めるわけにはいかない。

日系メーカーにとって、米国は最重要市場で日本からの輸出も多い。その行方次第では日本経済全体にも大きな影響を与えかねない。

（山田雄大）

「IRA」を生んだ米国政治の思惑

自動車メーカーの戦略を揺るがす米国の「インフレ抑制法（IRA）」だが、8月の成立までには多くの紆余曲折があった。

米バイデン政権は2021年4月、看板政策として4兆ドル規模の成長戦略を議会に提案。その中からインフレ抑制法案の母体となる、気候変動対策や貧困対策などを盛り込んだ「ビルド・バック・ベター（BBB、よりよい再建）法案」が作成された。予算規模は1兆8500億ドルだった。

しかし、BBB法案は身内である民主党のジョー・マンチン議員（ウェストバージニア州）が反対に回ったことで成立が頓挫。支出規模の縮小やそれ以上の歳入を確保するなどの調整を経て、IRAが生まれた。

マンチン議員がＢＢＢ法案に反対した理由は、政府債務の増加やインフレの助長に対する懸念、ウェストバージニア州を支える化石燃料産業への配慮などであったとされる。

ＩＲＡの歳出総額４９９０億ドルは３９１０億ドルが気候変動対策、残りが医療保険制度改革などに充てられる予定だ。一方で歳入の面では１５％の最低法人税率の導入、処方箋薬価の交渉権付与などが柱となる。

日本貿易振興機構海外調査部の片岡一生氏は「中間選挙前にＩＲＡが成立したことは、バイデンの支持率回復にある程度役立った。ただ法成立までの流れを見ると、インフレ抑制そのものは本筋ではなく、その効果は大きくないだろう」と話す。

気候変動対策の効果はどうか。プリンストン大学によると、ＩＲＡ成立前は３０年に０５年比で２７％減と見込まれていた温室効果ガスはＩＲＡ施行で３０年までに４２％削減可能となる。これにより「国連気候変動枠組み条約における米国の影響力は当面保ちやすくなる」（米州住友商事会社ワシントン事務所の渡辺亮司氏）ともみられている。

（二階堂遼馬）

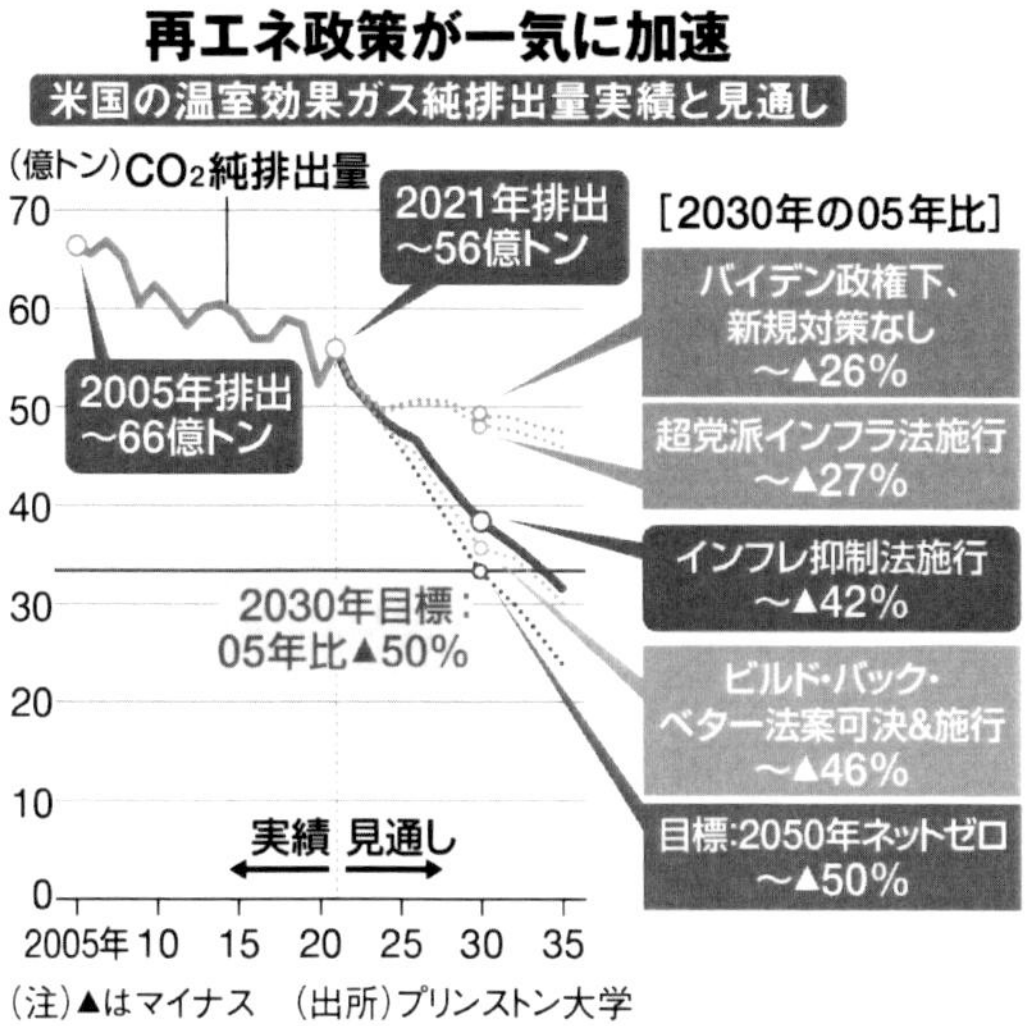
再エネ政策が一気に加速
米国の温室効果ガス純排出量実績と見通し
(億トン)CO_2純排出量
70
60
50
40
30
20
10
0
2021年排出
～56億トン
2005年排出
～66億トン
2030年目標:
05年比▲50%
実績
見通し
2005年 10 15 20 25 30 35
[2030年の05年比]
バイデン政権下、
新規対策なし
～▲26%
超党派インフラ法施行
～▲27%
インフレ抑制法施行
～▲42%
ビルド・バック・
ベター法案可決&施行
～▲46%
目標:2050年ネットゼロ
～▲50%
(注)▲はマイナス (出所)プリンストン大学

電池資源の中国排除　最終的にEV価格は上昇

米国のインフレ抑制法（IRA）は、電気自動車（EV）に搭載する電池のサプライチェーンから中国企業を排除する側面を持つ。とりわけハードルが高いとされるのが、電池材料に用いられる重要鉱物の「脱中国」である。

車載用電池に使われる鉱物といえば、リチウム、ニッケル、コバルト、マンガン、黒鉛などがある。中でも重要度が高いのが、リチウムイオン電池に欠かせないリチウムと、安全性を高めるコバルトだ。

リチウムもコバルトも、その埋蔵・生産が中国に偏っているわけではない。リチウムの埋蔵量が多いのは南米やオーストラリアで、中国は4番手。カナダや米国にも鉱山はある。

ただ、急増するＥＶ需要に対しリチウムの供給力は不足気味。供給量を増やそうにも、資源開発には１０年単位の時間がかかる。それを見越した中国勢はここ数年、南米やアフリカでリチウム鉱山の権益を買いあさり、鉱山開発も急ピッチで進めている。

コバルトは、生産・埋蔵がコンゴ民主共和国に集中しているうえ、同国には政情不安や児童労働問題もある。ただし、コバルトの使用量を減らしたり、使わない電池の開発も進んでいる。

中でもコバルトを使わないリン酸鉄系リチウムイオン電池は急拡大している。容量に劣るため単位当たりの走行距離は短くなる一方で、安価で安全性に優れるという特長もある。米テスラは上海工場で中国製のリン酸鉄系電池を採用しており、世界的に広げていく考えも示している。リン酸鉄系が普及すればコバルト自体の調達リスクはさほど心配しなくてもよくなるが、現状リン酸鉄系の生産は中国勢が強いという問題は残る。

中国依存度の高さがより深刻なのは、鉱石などから電池材料へと加工する精錬工程だ。ＥＶの肝である電池材料のサプライチェーンを中国に握られたままでは経済安全保障は実現しない。そう米国が考えるのも無理はない。

精錬での脱中国を進めるには、なぜ中国が精錬で高シェアなのかを考える必要がある。

原材料の精錬は中国に集中

電池材料のサプライチェーンにおける国別割合

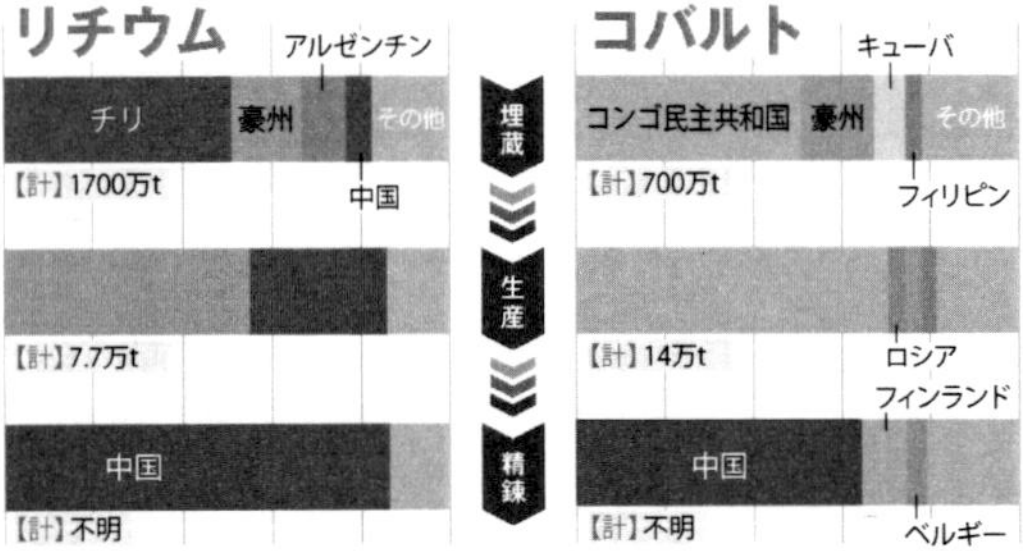

(出所)経済産業省の資料を基に東洋経済作成

「中国外し」の経済性

リチウムやコバルトのような非鉄金属は鉱石中の含有率がごくわずか。鉱石のまま輸送すればゴミを運ぶようなもので、本来なら鉱山の近くで精錬したほうがいい。輸送費をかけてでも中国で精製するのは、安い人件費、緩い環境規制などに起因したコストの低さゆえ。いわば中国国民の犠牲の下に世界中が安く電池材料を入手してきたわけだ。そこから中国を排除したとき何が起こるか。

車載電池に詳しい、名古屋大学未来社会創造機構の佐藤登客員教授はこう指摘する。「(精製工程からの)中国排除はできなくはない。ただし、時間がかかるしコストも高くなる」。

電池のコストが上がれば、EVの価格も高くなる。さらに中国を排除した新しいサプライチェーンの構築は時間がかかる。IRAでは、中国排除について電池部品は2024年、重要鉱物は25年からとしている。この期限に間に合わなかった場合、税額控除を受けられなくなる。最終的に負担が増すのは消費者だ。

(山田雄大)

日本企業は板挟み　中国の「国産化」要求

毎年、8月上旬になると中国共産党最高幹部の動静は途絶える。河北省の避暑地で非公式に重要政策を議論する「北戴河会議」が開かれるためだ。

最高指導部人事を決めたとみられる2022年の会議を終えた直後、習近平国家主席は遼寧省瀋陽の産業用ロボット工場を視察した。習氏は「イノベーション（自主創新）」の重要性を強調し、「寸暇を惜しんでチョークポイントを突破し、核心技術と設備製造業を手に入れなければならない」と述べた。

「チョークポイント」とは、中国が自前の技術を持っておらず西側の制裁などに対してサプライチェーン上の弱点となっている分野だ。その中には半導体製造装置や燃料電池材料など、日本企業が強みを持つ技術も少なくない。

米中対立を背景にデカップリングが進む中、習氏は「国家安全」重視の一環として、経済面ではサプライチェーンの自己完結化を志向する動きを続ける。9月に中国の工業情報化省は、半導体材料や高機能繊維などの材料・素材分野において「2025年までに競争優位性を持つ中国企業を育成し、35年には先進国のレベルに追いつく」という目標を掲げた。

国家が深く関与し中国企業の技術を向上させる。こうした一連の動きが、日本企業の中国事業にも大きな影を落としている。

7月20日、複合機大手の富士フイルムビジネスイノベーション（以下、富士フイルムBI）が、上海にある複合機・プリンターの組み立て工場の全出資持ち分を現地企業の億和精密工業に売却すると発表した。富士フイルムBIは売却後も同工場から製品を調達する予定だ。

中国の複合機・プリンター市場では現状、小型のA4モノクロ機が主流だ。A4機では近年、レノボ、パンタム、デリといった中国企業のシェアが拡大しており市場の約4割を占める。

A4複合機でシェア伸ばす中国メーカー

中国におけるA4複合機・プリンターシェア

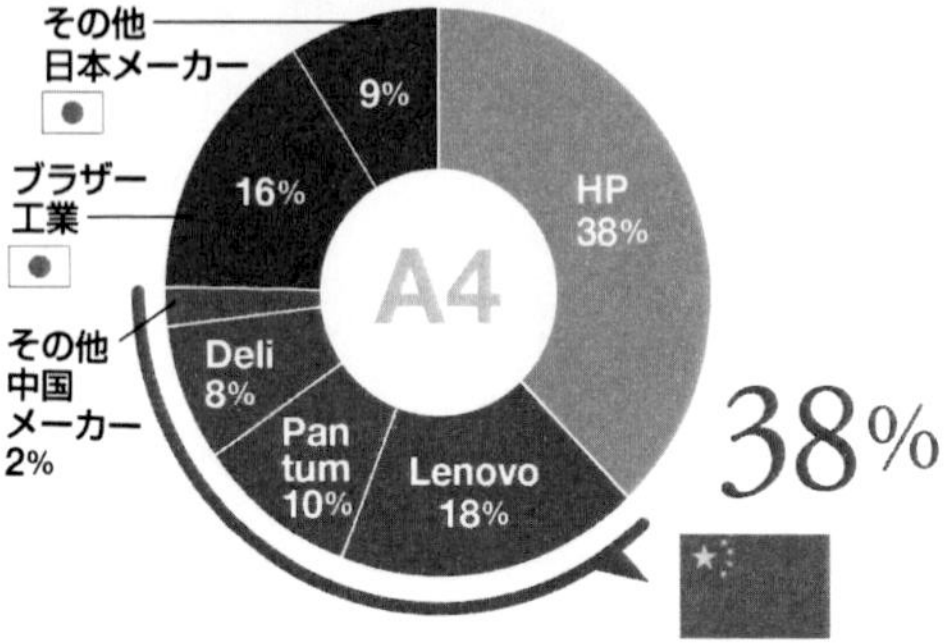

A3複合機は日本メーカーがシェア8割超

中国におけるA3複合機・プリンターシェア

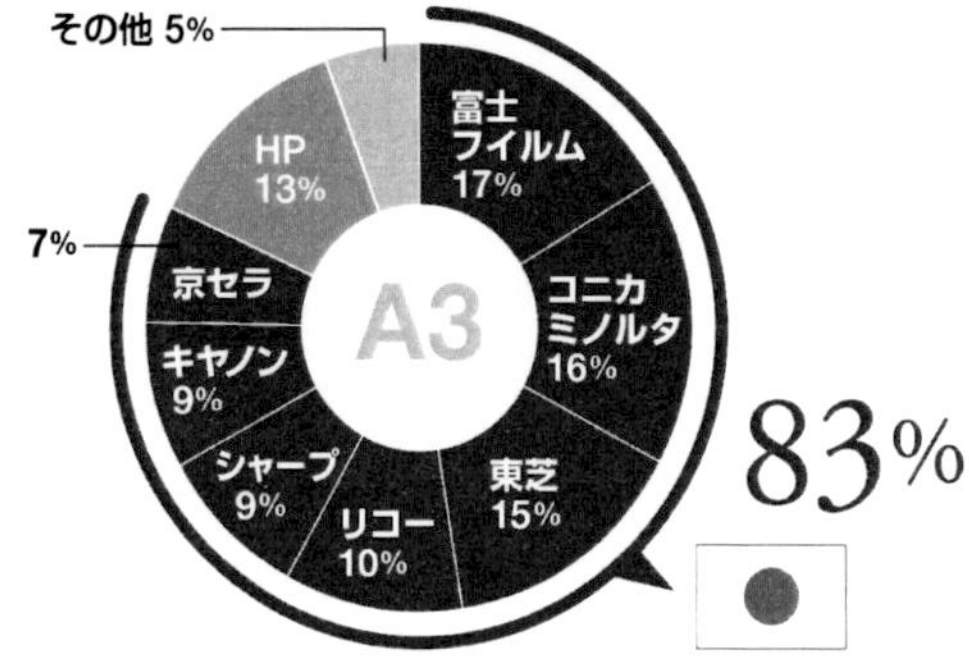

（注）シェアは2021年の出荷金額ベース　（出所）IDC

一方、現状中国企業には製造が難しいとされる床置き型のA3機については、日本企業のシェアが8割超。A4機が主流とはいえ、市場規模の大きい中国において付加価値の高いA3機の市場は重要だ。今後、モノクロA4機から高性能機種への買い替えも見込め、複合機メーカーにとって中国は成長が期待できる市場だ。

だが、近年は販売環境に変化が生じている。中国に進出した日本企業が構成する中国日本商会によれば、中国では19年から、外資系企業製品であることによって政府調達の失注や、入札に参加できない事例が多発している。複合機についても同様で、一部では現地企業に対し複合機をOEM供給するなどの対応が取られている。

このような状況下で持ち上がった富士フイルムBIの工場売却。関係者の間では、「工場を売却し現地企業に生産させることで、政府調達を維持しシェアを拡大する意図があった」との見方が強い。ところが、ここにきて「富士フイルムBIは売却を断念するのではないか」という観測が急浮上している。理由は日本政府の反対だ。

7月3日、「中国政府が日本を含めた外国オフィス機器メーカーに対し、複合機などの設計や製造の全工程を中国内で行うよう定める新たな規制を導入する方針である」

と読売新聞が報じた。設計まで中国で行わせることで技術移転を迫るかのような内容は手法として新しく、導入されればメーカーは厳しい選択を迫られる。規制対象は市場の3割といわれる政府調達分だが、国有企業も加えれば7割程度に達するとの見方もある。

複合機には、コピーだけをとっても機械工学、光学、化学などの技術が詰まっている。加えて、データの受送信に必要な通信、データを保護するセキュリティーに関する技術も求められる。とくに難しいのが、これらの技術・機能を1つの機械にまとめ上げ、安定的に稼働させる「すり合わせ」だ。

富士フイルムBIは売却について「単純な組み立てのみを行う工場の売却で、技術流出につながるとは考えていない」と説明する。

だが経済産業省は機微な技術の流出がありうる、として本件に難色を示しているもようだ。富士フイルムBI以外にも中国企業への工場売却を考えている複合機メーカーがあったようだ。

経済安全保障に詳しい明星大学の細川昌彦教授は、「中国政府の狙いは外国企業の持つ技術の入手。おとなしく従えば国内で優遇する、と外国企業にささやき、技術を中国企業に共有させた後、お払い箱にするのが常套手段だ」と語る。

一方で、ある商社の中国法人幹部は、「組み立て工場の売却が駄目というのは、『糸の情報が漏れるから縫製工場は売るな』というような話で理解しがたい。経済安保は大事だが、基準も示さず政府に介入されたら民間の経済活動は萎縮する」と不満を漏らす。

政府調達を盾にした国産化要求が先行する分野もある。2021年5月、中国政府が地方政府に対して出した内部通達では、医療機器を中心に政府調達における国産品調達比率が定められていた。

日本貿易振興機構（ジェトロ）が21年8～9月に在中の日本企業に行った調査では、「今後1～2年で事業を拡大する」と回答した企業は40・9％、「事業を第三国に移転、または撤退する」と回答した企業は0・4％だった。巨大市場の魅力の前で、自社技術をどう保護するか。日本企業には経済安保という難題が立ちはだかる。

（吉野月華）

中国が主導する「グローバルサウス」

ジャーナリスト　拓殖大学教授・富坂　聰

中国共産党総書記の習近平（69）は「下放」によって1969年からの7年間を陝西（せんせい）省の農村で過ごした。農村の貧困を間近に体験しながら、政治や社会の問題は現実的な方法でしか解決できないことを学んだ。

また大衆の現実を知る中で、大衆動員のエネルギーとその政治的な効用を理解した。それゆえ、中国共産党という独裁政党の指導者でありながら、どうしたら大衆の支持が得られるかに腐心する。

国内で毛沢東と並ぶ評価に近づいた習。その党内力学は不明だが、背景は明快だ。強い指導力が求められたからだ。共産党の言葉を借りれば、「経済の下押し圧力や貧富の格差などの根深い難題に直面」し、「より科学的なトップダウン設計が必要だった」

からである。

10年前、総書記に就いた習は目玉の人事として、王岐山を党中央規律検査委員会書記に抜擢し、党中央弁公庁主任には栗（りつ）戦書を起用した。前者は反腐敗、後者は党内の引き締めにより、「初心を忘れるな（勿忘初心）」を徹底させる意図が込められている。

習は反腐敗キャンペーンを進め、権力者が血祭りに上げられる様子を大衆に見せることで絶大な人気を獲得した。党内選抜という枠を超えて、大衆を基盤にした指導者となった。

その習が初心回帰を叫ぶのは建前ではない。例えば、国共内戦（共産党と国民党との内戦）で米国の支援を受けた国民党軍を惨めな装備しか持たない紅軍（共産党）が破ったのは、ひとえに人民が支えたからだ。

習の政治手法にアナクロ（時代錯誤的）なにおいが付きまとうのはこの基本を外さないからで、裏返せば大衆が離反すると党の命運も尽きると考えている。習は都会の金持ちや知識人を多少攻撃しても共産党支配が揺らぐことはないと考えているのかもしれない。

それを国際的な視点で見れば、最近注目されている「グローバルサウス」のコンセプトをよく理解しているということになる。グローバルサウスは、グローバル化した現代資本主義がもたらす負の影響を強く受ける国や地域のことを指す。先進国の都合によって政治的・経済的に翻弄される南の国々、といった意味合いだ。

中国は建国以来ずっと途上国外交を重視し、近年はGDP世界2位の経済力を背景に「サウス」への援助を続けた。今や中国は民主主義とグローバル資本主義を掲げる米国に対抗しうる唯一の大国である。

習が2年8カ月ぶりの外遊として、9月にウズベキスタンで開かれた上海協力機構（SCO）の首脳会議に参加したのは象徴的だ。

SCOでは中ロ首脳会談も行われ、ロシア大統領のプーチンが、「ウクライナ危機に関する中国側の疑問や懸念を理解している」と発言。メディアは、「中ロの軋轢」と騒然となった。

しかし中国がロシアのウクライナ侵攻に否定的なのは、侵攻翌日の中ロ首脳の電話会談でも伝えていて、目新しい話ではない。むしろ要諦はタイミングと場所だ。

もし侵攻を否定する立場を強調したいのであれば、その機会は何度もあった。中国ナンバー3である栗（全国人民代表大会常務委員長）はSCO首脳会議の1週間前に、ロシアのウラジオストクでプーチンと会談しているが、そうしたやり取りは表面化していない。

なぜウラジオストクでは控えたのか。手がかりはロ印の動きにある。実は中国の態度は、SCO首脳会議に参加したインド首相のモディがプーチンとの会談で示したものと近似している。ロ印首脳会談でモディは「今は戦争の時期ではない」とロシアを批判した。それ以前に自らの立場をロシアに伝えることができたにもかかわらず、あえて首脳会談でぶつけてきた。

中国とインドが、ロシアとの首脳会談で武力行使に「ノー」と改めて強調することで、SCOが中ロのためだけの組織ではなく、サウスに開かれた機構であることを示したかったのではないか。そのために栗がウラジオストクでロシアと綿密な打ち合わせを行い、プーチンが中国の懸念に理解を示すプランを練ったのではないか。

中ロ両国にとって欧米への対抗上、SCOの重要性は高まっている。加盟国に対するSCOの求心力を高めることで、最終的には新興国・発展途上国のシェルター（圧力をかわす場所）として機能させたいというのが中ロの狙いだ。

ロシアのウクライナ侵攻を受け西側先進国は空前の規模で対ロ制裁を連発した。これに対し中国は、侵攻を批判しながらも制裁には加わらなかった。理由は「制裁には効果がない」ことだ。

逆に制裁を濫用すれば「世界の金融や貿易、エネルギー、科学技術、食糧、産業チェーン、サプライチェーンなどの分野に深刻な危機を引き起こ」し、「国際経済協力の数十年の努力の成果をあっという間に破壊してしまう」（習の発言）。それが中国の理屈だ。ウクライナ侵攻を多くの国が非難した。しかし、制裁に参加した国は国連加盟国約190のうち50前後なのだ。中国の理屈に一定の説得力があるのは確かだろう。

紛争の絶えない国際情勢の中で、時に自らの意思とは無関係に対立に巻き込まれる。ウクライナ危機では、エネルギー確保に不安がある国までロシア制裁への参加を迫られた。つまりは、米中のどちらかを選ぶのではなく、SCOを心強いと思う国は少なくないのだ。

SCOはすでに世界の人口の約半分の国をカバーし、しかも拡大が確実だ。現在は10カ国で、将来の加盟を視野に入れた対話パートナー国としてエジプト、サウジアラビア、カタールが参加する。

そして今後の注目は産油国だ。産油国で構成する「ＯＰＥＣプラス」は１０月５日、エネルギー不足に苦しむ欧州や自国のインフレ対策として増産を求めた米大統領のバイデンの意向を無視して「大幅減産」を決めた。当然、米国は激怒し、米連邦議会では対抗措置を求める声が強まった。この対立が激化すれば、産油国はＳＣＯ加盟国により接近してくる。そうなれば世界の勢力図は大きく変化する。

１０月６日の国連人権理事会で、米国が提出した「新疆関連問題を討議するよう求める草案」が否決された。中国にこの外交的勝利をもたらしたのは間違いなくサウスである。３期目に入った習はサウスの盟主としていっそう自信を深めていることだろう。

富坂　聰（とみさか・さとし）
１９６４年生まれ。北京大学中文系に留学後、中国報道に従事。週刊誌記者を経てフリーに。
２０１４年から拓殖大学海外事情研究所教授。

明王朝と習政権共通する「弱点」

京都府立大学文学部教授・岡本隆司

東アジアは広大だから、地域ごとに暮らしぶりは当然さまざま、種々バラバラなコミュニティーが分立した。そんなユニットの1つとして、日本列島も存在すると見なしてもよい。そして同じ中国人といっても、各地どこに向かってもおかしくないような人たちがいる。

そのように並存する多くの地域ユニットを統合するのが、歴代王朝の使命・イデオロギーだった。統一こそが至上の価値、その中心を担う「大一統」という思想で、まさにバラバラだった現実の裏返しである。

王朝に非（あら）ざる今の共産党政権も、実はあまり変わらない。「一つの中国」「中華民族の復興」というのが、かつての王朝イデオロギーに相当する。

中国歴代の当局者に言わせれば、そうした統合に反する逆行・離脱が恐ろしい。各地それぞれのユニットは、磁力のある方向に砂鉄が動くように流動する。以前は北方の遊牧民が、そんな磁力を有していた。新疆ウイグル自治区は、その成れの果てだろう。

いま台湾が米国へ、香港が民主主義という磁力に引き寄せられているのは見てのとおり、しかしそんな動きは遅くとも100年以上前から存在していた。いずれも大陸の政府とは、体制・制度・思想が懸け離れてしまった。

そこで統合のために「一国二制度」が必要となる。ところがそのまま「二制度」を認めていては、やはり大陸の政権から離れかねない。そうした動きを力づくで抑え込んだのが香港だったし、台湾は上下こぞって、大陸から離反する動きを強めている。香港国家安全維持法を通じた強権の発動、台湾に対する軍事演習の威嚇は、そんな危惧・恐怖の裏返しであった。

「倭寇」という起源

今に始まったことではない。台湾が中国から離れたのは日清戦争から、香港はアヘン戦争からだった。そういうと、いかにも帝国主義列強の侵略に見える。

しかし17世紀の台湾は、オランダや鄭成功の勢力が占拠支配した。香港は16世紀以来、ポルトガル人の蟠踞（ばんきょ）してきたマカオの再現である。いずれも中央政府の実効支配は希薄で、元来から離れていたといえば言い過ぎだろうか。

その16世紀、シナ海は「倭寇（わこう）」の時代だった。「倭寇」とは文字どおりには、日本の海賊という意味である。しかし内実はそうではない。内外の貿易業者が集まったアジト・コロニーに、政府官憲が法令違反だと検挙に踏み切ったところ、中国人・外国人を問わずこぞって反抗した事件である。

300年を隔てたアヘン戦争も、実は構造の変化はない。品物が禁制・麻薬のアヘンだっただけである。その密輸は内外の英国人・中国人を通じて、ほとんど公然自由におこなわれていた。それなのに突如、禁令が目を覚まして密輸取り締まりの励行となった。それに英国が上下こぞって異をとなえて開戦にいたる。

現地の民意に背く強権を当局が発動し、民間の自主的な営みとその空間を官憲が法律武力で威圧弾圧した。そうした構図は「倭寇」もアヘン戦争も共通する。

16世紀の「倭寇」では内外の貿易業者がつるんでおり、日本人やポルトガル人を引き入れる中国人がおびただしくいた。さきにふれた台湾の鄭成功は平戸生まれ、母親が日本人である。

19世紀、アヘンを持ち込んだのは英国人ながら、ひろめた密売人は中国人であって、だから戦争では英軍に通謀する「漢奸（かんかん）」も多かった。香港はそんな連中の巣窟として始まったのである。

交易であろうと、麻薬であろうと、外界と通じて中央政府に背くという民意、バラバラに分離しようとする動きに変わりはない。現代はかつての貿易・密売に民主主義が代位したとでもいえようか。

「倭寇」はこのように目前の香港・台湾問題の母胎と見なすべき歴史事象でもある。

それなら現代の中国をめぐるありようは、明代までさかのぼれるといってよい。

「明代」という起源

明王朝の創始者は太祖朱元璋とその息子の永楽帝である。2人あわせて、おおむね14世紀の後半から15世紀の初めをカバーする。

前者はモンゴル帝国を駆逐して、漢人王朝を建設した。折からの気候寒冷化と疫病の蔓延・景気沈滞に応じた閉鎖的な体制を築き、国内の流通経済・海外との通交通商を制限統制する。そしてそれに背きがちな江南の人士を虐待虐殺して、国内統合をはかった。

永楽帝は太祖の正式な後継者ではない。太祖を相続した江南政権に謀反を起こして、帝位を奪った人物である。その際、やはり江南の人士・数万人を虐殺した。北京に本拠を置いて、太祖の構築した体制を完成させたけれども、これで南北あるいは官民の対立は、構造化したともいえる。

15世紀も半ばを過ぎれば不況も回復し、民間の経済活動も活溌に赴いてきた。ところが北京の明朝政府は、朱元璋・永楽帝の定めた体制・イデオロギーを墨守するばかりの存在である。経済活動に必要な通貨の提供管理や交易・通商の障碍除去など、民意のニーズに応じなかったから、民間は独自に経済を回さねばならなかった。

そこで起こってきたのが中国各地、とりわけ南方での地域経済と海外貿易の発展である。その所産が16世紀の「倭寇」だった。

同時期・大航海時代の西洋と戦国時代の日本と結びついた中国各地の民間経済は、力量を増大させてゆく。そうした動きは、明朝政権の体制イデオロギーに逆行し、なればこそ「倭寇」の弾圧も生じた。北京と地方、政権と民意の相剋である。

どうやらこのような明代の社会構造に、現代の中国問題も淵源があるといえそうだ。北京政府・「中華民族」という権力・権威からすれば、体制イデオロギーに背いて在地の民意の側に立つ香港・台湾は、「漢奸」・分離主義者にほかならない。しかし近代欧米の既成観念・「普遍的価値」に染まった現代人の意識・感覚からすれば、体制墨守を譲らない明朝政権、「一つの中国」を強行する中国政府こそ、強権をふるう独裁専制である。

互いの齟齬（そご）が数百年の歴史を背負っているとすれば、解決はおろか理解認識すら難しいのかもしれない。まずは現実の多元化に対応できなかった明朝の歴史に学ぶことが、目前の中国について考えるうえでも有効であろう。

岡本隆司（おかもと・たかし）

1965年生まれ。京都大学大学院文学研究科博士課程単位取得退学。博士（文学）。『明代とは何か』（名古屋大学出版会）、『世界史とつなげて学ぶ中国全史』（小社刊）など著書多数。

日本を追い詰める米中「新冷戦」の号砲

それは米国からの挑戦を受けて立つという意思表示、いわば新冷戦開戦の号砲だった。

2022年10月16日午前、北京の人民大会堂。第20回中国共産党大会の開幕報告に立った習近平国家主席は、演説の開始から1時間30分ほどが経った頃、こう述べた。

「世界は再び、歴史の十字路に立っている。何を捨て、何を取るかはそれぞれの国の人民が決めることだ」「中国は発展途上国との団結と協力を強め、途上国の共同利益を擁護する」

その4日前、バイデン米大統領は政権発足後初めてとなる「国家安全保障戦略（N

SS)」を発表した。バイデン氏はその冒頭に「私は就任当初から、この世界は転換点(inflection point)にあると主張してきた」と記し、中国を「国際秩序を変える意図と能力を持った競争相手」と位置づけた。

NSSについて、ジェイク・サリバン米国家安全保障問題担当大統領補佐官は「われわれは決定的な10年間の始まりにいる」として、バイデン氏が言う「転換点」を、米ソ冷戦が始まった1947年を例に説明している。この年に前後して当時のトルーマン大統領はマーシャル・プランの実施やNATO(北大西洋条約機構)創設など旧ソ連との冷戦への備えを固めた。

つまり今回のNSSは、欧州からアジアへ舞台を変えて同盟国とともに中国との新冷戦に臨むという宣戦布告だ。外交上では米英豪による安全保障協力のAUKUS、日米豪印による戦略対話のQUAD、経済面では米国主導で中国に対抗する経済圏構想のIPEF(インド太平洋経済枠組み)がその武器になる。

習氏はあえて「十字路」というバイデン氏と似た言い回しを用いることで、真っ向から勝負を受ける意思を示したと思われる。米国が日欧など先進国と組むのなら、自分は途上国を束ねて対抗するというわけだ。米中はそれぞれ世界を分断する姿勢を鮮明にした。

習氏が今回の演説で直接米国に言及することはなかったが、米中対立は党大会の隠れた主要テーマだった。米国を意識して強調されたのが、「中国式現代化」という耳慣れない言葉だ。つまるところは中国共産党による一党独裁を前提とした発展モデルだ。目指すのは2050年に中国を「社会主義現代化強国」にすることだが、具体的には米国を軍事力も含めた総合的な国力で追い抜くことを意味しているとみられる。中国共産党にとって米国との逆転は自らの統治の正当性を示し、途上国の盟主として振る舞うために必要なのだ。

その前段階として、習氏は2020年11月に「35年までに経済規模を倍増させる」という目標を打ち出した。達成には年平均4・7%の成長率が必要とされるが、ゼロコロナ政策の影響で22年の成長率は3%台がせいぜいとみられる。GDPでの米中逆転は30年代半ばと予測されてきたが、実現は遠のきそうだ。

総人口が減少に転じる中国では、生産性の向上が経済成長の頼み。しかし習政権の下では、イノベーションの担い手になるはずの民間企業が圧迫され、活力を失っている。また20年以降は欧州からの新規投資がゼロになるなど、外資導入も難航。だが活動報告では経済政策についいては新味が乏しく、具体的な数値目標もなかった。

中国のGDPは2030年代に米国を上回る 米中のGDP予測

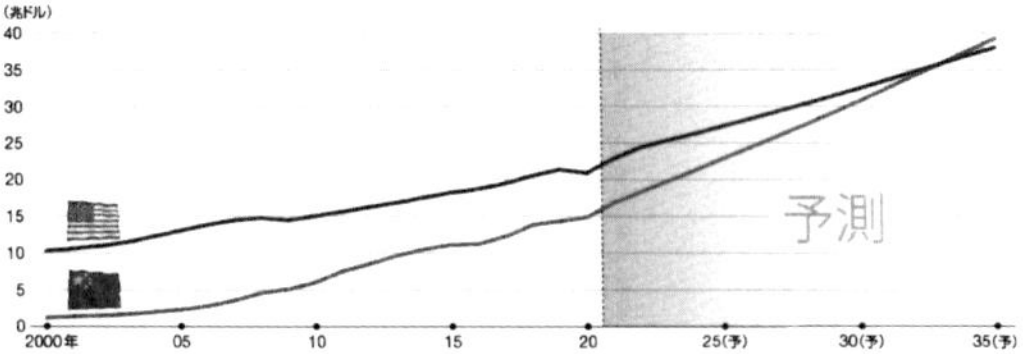

(注)GDPは名目ドル建て　(出所)日本経済研究センター「アジア経済中期予測」(第7回、2021年12月公表)

中国経済めぐるジレンマ

対外開放や市場経済化をさらに進めると「強い中国経済」が実現し、米国へのキャッチアップが早まってしまう。現在のように統制志向が強い左派が主導する「弱い中国経済」は米国に好都合のようだが、そうした勢力は対外強硬に傾きやすく米国との衝突リスクが高まりかねないのはジレンマだ。

インフレに苦しむ米国の消費者にとって、安価な中国製品は不可欠な存在だ。サリバン氏は中国との経済関係について「小さな庭に高いフェンスを設ける」という方針を示している。つまり先端半導体など限定した重要技術の保護は徹底的に行うが、それ以外の経済関係は維持するという姿勢だ。これは米ソ冷戦とは異なる条件だ。

日本は安全保障で米国に依存する一方、経済では中国への依存度が高い。日本の輸出、輸入はともに対中国が最大であり、単純に「弱い中国経済」がよいといえないのは当然だ。経済安保に目配りしつつ、中国との経済関係は発展させるべきだろう。米中新冷戦を日本が生き残るにはしたたかさと柔軟さが必要だ。

（西村豪太）

【週刊東洋経済】

本書は、東洋経済新報社『週刊東洋経済』2022年10月29日号より抜粋、加筆修正のうえ制作しています。この記事が完全収録された底本をはじめ、雑誌バックナンバーは小社ホームページからもお求めいただけます。

小社では、『週刊東洋経済eビジネス新書』シリーズをはじめ、このほかにも多数の電子書籍ラインナップをそろえております。ぜひストアにて「東洋経済」で検索してみてください。

『週刊東洋経済eビジネス新書』シリーズ

No.413　ゼネコン激動期
No.414　病院サバイバル
No.415　生保　最新事情
No.416　M&Aマフィア

No.417　工場が消える
No.418　経済超入門　2022
No.419　東証　沈没
No.420　テクノロジーの未来地図
No.421　年金の新常識
No.422　先を知るための読書案内
No.423　欧州動乱史
No.424　物流ドライバーが消える日
No.425　エネルギー戦争
No.426　瀬戸際の地銀
No.427　不動産争奪戦
No.428　インフレ時代の資産運用&防衛術
No.429　人口減サバイバル
No.430　自衛隊は日本を守れるか

No.431　教員不足の深層
No.432　ニッポンのＳＤＧｓ＆ＥＳＧ
No.433　独走トヨタ　迫る試練
No.434　変わる相続・贈与の節税
No.435　東芝の末路
No.436　食糧危機は終わらない
No.437　ゼネコン　両利きの経営
No.438　すごいベンチャー２０２２〔前編〕
No.439　すごいベンチャー２０２２〔後編〕
No.440　宗教　カネと政治
No.441　岐路に立つ鉄道
No.442　学び直し全ガイド

週刊東洋経済eビジネス新書　No.443
米中　大動乱

【本誌（底本）】
編集局　秦　卓弥、印南志帆
デザイン　熊谷直美、小林由依、藤本麻衣、鈴木勇考、中村方香
進行管理　三隅多香子
発行日　２０２２年１０月２９日

【電子版】
編集制作　塚田由紀夫、長谷川　隆
デザイン　大村善久
制作協力　丸井工文社
発行日　２０２４年１月１８日　Ver.1

発行所　〒103-8345
東京都中央区日本橋本石町1-2-1
東洋経済新報社
電話　東洋経済カスタマーセンター
03（6386）1040
https://toyokeizai.net/
発行人　田北浩章

電子書籍化に際しては、仕様上の都合などにより適宜編集を加えています。登場人物に関する情報、価格、為替レートなどは、特に記載のない限り底本編集当時のものです。一部の漢字を簡易慣用字体やかなで表記している場合があります。本書は縦書きでレイアウトしています。ご覧になる機種により表示に差が生じることがあります。

本書に掲載している記事、写真、図表、データ等は、著作権法や不正競争防止法をはじめとする各種法律で保護されています。当社の許諾を得ることなく、本誌の全部または一部を、複製、翻案、公衆送信する等の利用はできません。

もしこれらに違反した場合、たとえそれが軽微な利用であったとしても、当社の利益を不当に害する行為として損害賠償その他の法的措置を講ずることがありますのでご注意ください。本誌の利用をご希望の場合は、事前に当社（TEL：03－6386－1040もしくは当社ホームページの「転載申請入力フォーム」）までお問い合わせください。

※本刊行物は、電子書籍版に基づいてプリントオンデマンド版として作成されたものです。